HEYNE BÜCHER
SPHINX

Michael Page

Tao der Kraft

*Östliche Weisheit
für das
westliche Leben*

WILHELM HEYNE VERLAG
MÜNCHEN

SPHINX BEI HEYNE
Herausgegeben von Michael Görden
Nr. 13/3023

Aus dem Englischen
von Karin Hirschmann

Besuchen Sie uns im Internet:
http://www.heyne.de

Umwelthinweis:
Dieses Buch wurde auf
chlor- und säurefreiem Papier gedruckt.

Die Originalausgabe erschien unter dem Titel
THE TAO OF POWER
im Verlag The Merlin Press, London
Die deutschsprachige Ausgabe erschien zuerst 1991 im Sphinx Verlag, Basel

Genehmigte Taschenbuchlizenzausgabe im
Wilhelm Heyne Verlag GmbH & Co. KG, München
Printed in Germany 1998
Umschlaggestaltung: Atelier Bachmann & Seidel, Reischach
Umschlagabbildung: Sibylle Schmatz Fotografie, Egmating
Technische Betreuung: Sibylle Hartl
Satz: Pinkuin Satz- und Datentechnik, Berlin
Druck und Bindung: Elsnerdruck, Berlin

ISBN 3-453-14120-2

Inhalt

Azurblauer Drache, weißer Tiger

Das Bild ist klar: Die größte Erzeugung von Ch'i (Kraft) findet dort statt, wo die Lenden des Drachen und des Tigers im Liebesakt miteinander vereinigt sind.

Stephen Skinner

Solange wir leben, unterliegt unsere Welt der Veränderung. Wir erleben den Kreislauf der Jahreszeiten mit Wachstum, Ernte und Verfall, erkennen darin Zyklen von Erneuerung, Aufbau, Zerfall und Tod, von Sonnenaufgang und Sonnenuntergang. Manchmal, wenn die Erde bebt oder der Sturm tost oder angesichts des Wunders von Empfängnis und der Geburt, wird uns die erhabene Macht des Universums bewußt, wie sie sich in diesen natürlichen Zyklen der Veränderung manifestiert.

Ich möchte in diesem Buch ein östliches Konzept vorstellen, das sich mit den Gesetzen, denen die Veränderung unterliegt, und der ihnen zugrundeliegenden Kraft beschäftigt. Gleichzeitig möchte ich aufzeigen, wie diese Kraft kontrolliert werden kann und wie sie von den Menschen, die den Weg des Tao gehen, genutzt wird.

Ich werde unsere moderne Welt im Lichte dieses Konzepts betrachten, das seit jeher auf der Aufrechterhaltung von Harmonie und Ausgewogenheit basiert.

In diesem Buch ist häufig die Rede von dem wachsenden Problem der Unausgewogenheit in der materiellen und spirituellen Welt und in der menschlichen Seele.

Dieses Ungleichgewicht nimmt ständig krassere Formen an. Es zeigt sich in der zunehmenden Umweltzerstörung und in der sinkenden Lebensqualität in den Industrieländern ebenso wie in den Entwicklungsländern; im Untergang der Religionen und im wachsenden Konsumterror und auch im Scheitern der weltlichen Führer, die den Bedürfnissen ihrer Anhänger in keiner Weise gerecht werden.

Die Veränderung ist in vollem Gange: Die Welt ist ein Ort, der immer weniger vorhersagbar und gleichzeitig immer gefährlicher wird.

Allzuoft sehen wir in der Veränderung nur ein Durcheinander und Chaos, das irgendwie geordnet werden muß. Wir übersehen dabei die Möglichkeit, daß dieses Chaos aufgrund mangelnder Achtung vor einem dynamischen Gleichgewicht entstanden ist. Die kosmische Harmonie mißachtend, gehen wir die anstehenden Probleme zu oft frontal an und leider viel zu oft unter Anwendung von unmenschlichen und hochtechnisierten Verfahren, ohne die sanfteren Möglichkeiten aus der Zeit vor dem technischen Fortschritt in Betracht zu ziehen, die zwar ganz anders, aber mindestens genauso effektiv sind.

Wir Menschen in den westlichen Industriestaaten, Militärblöcken und multinationalen Konzernen müssen uns immer wieder vor Augen führen, daß die von uns mit allen Mitteln erzwungene Ordnung nicht unbedingt mit den grundlegenden kosmischen Gesetzen im Einklang ist, und daß wir bei Mißachtung dieser Gesetze schließlich Katastrophen heraufbeschwören, die nicht selten weltweite Auswirkungen haben.

Eine einmal eingetretene Veränderung ist nicht mehr rückgängig zu machen, das liegt in der Natur der Veränderung. Wir können beispielsweise heute nicht mehr zurück zu einer voratomaren Physik. Sobald eine Veränderung stattgefunden hat, ist sie endgültig und wirkt sich auf alle weiteren Veränderungen aus. Das läßt ein umsichtiges Vorgehen angeraten erscheinen.

Wie ich aufzeigen werde, sind es die Taoisten, die sich durch ein solches umsichtiges und geschicktes Vorgehen hervortun.

Ein Aspekt des Taoismus, mit dem ich mich im folgenden auseinandersetzen werde, ist das Konzept der Gegensätzlichkeit von Positivem und Negativem, das die Chinesen als *Yin* und *Yang* oder als den azurblauen Drachen und den weißen Tiger bezeichnen. Die Spannung zwischen den beiden so machtvollen Gegenpolen sichert den Fortbestand dieser Welt. Ich werde im weiteren Verlauf verschiedene Methoden aufzeigen, wie mit dieser Spannung umzugehen ist und wie dieser Prozeß gefördert oder behindert werden kann.

Positiv ausgedrückt, handelt das vorliegende Buch also von der Notwendigkeit, in allen unseren Bemühungen das Gleichgewicht zu halten. Es handelt von der Notwendigkeit der Menschen, flexibel zu reagieren und jede direkte Konfrontation mit der Natur und mit den Neurosen zu vermeiden. Ich möchte die alten Probleme in einem neuen Licht sehen – im Licht der taoistischen Philosophie, die seit gut 3000 Jahren von den Chinesen erforscht, entwickelt und befolgt worden ist. Einige praktische Anwendungen dieser Philosophie sind in letzter Zeit auch hierzulande in Form von Akupunktur und Kampfkünsten bekannt geworden, und auch der religiöse Bereich hat sich uns über den Zen-Buddhismus teilweise erschlossen. Weitere praktische Anwendungsmöglichkeiten möchte ich hier vorstellen.

Während der erste Teil näher auf die grundlegenden Konzepte eingeht, konzentriert sich der zweite Teil des Buches auf Aspekte des modernen westlichen Lebens, das weitgehend aus den Fugen geraten ist, und zeigt zumindest Wege auf, wie die Harmonie wieder gefördert werden kann. Der dritte Teil ist mit »Hoffnung« überschrieben und befaßt sich mit anderen Bereichen des westlichen Lebensstils, in die das Wissen um das Wechselspiel von Yin und Yang bereits vorgedrungen ist und wo eine berechtigte Hoffnung besteht, daß sich das Schicksal des einzelnen doch noch zum Guten wendet und auch global ein größeres Verständnis und mehr Harmonie erreicht werden kann.

Im Schlußkapitel soll noch einmal aufgezeigt werden, wie sich der Großteil der Menschen in den Industriestaaten von der einseitigen Kraft des positiven Denkens und Handelns hat verleiten lassen, dabei jedoch die weitaus stärkere Kraft übersehen hat, die sich aus der Vereinigung des Positiven mit seinem Gegenpol ergibt.

Im großen und ganzen möchte ich in diesem Buch Möglichkeiten aufzeigen, bei denen das Wissen um die teils friedvolle, teils stürmische, doch immer segensreiche Beziehung zwischen azurblauem Drachen und weißem Tiger uns Menschen behilflich ist, unser Leben besser zu ordnen, sei es als Individuen oder als Angehörige einer zu Recht als krank bezeichneten Spezies auf einem leidenden Planeten.

Teil I

Das Gesicht wahren

KAPITEL 1

Das Gesichtskonzept

Die Chinesen sind wahre Meister, wenn es darum geht, »das Gesicht zu wahren«, denn sie wissen nur allzugut, daß die Kunst des Lebens einem schwierigen Balanceakt gleicht. Wenn man es schafft, erfolgreich den eigenen Weg durchs Leben zu gehen und gleichzeitig Harmonie anzustreben und anderen Respekt entgegenzubringen, dann kann die Balance gelingen.

Beim Feilschen auf dem Markt, aber auch in persönlichen Beziehungen, ist es manchmal von Vorteil, einen Schritt zurückzugehen, damit die Würde des anderen gewahrt bleibt und das eigene Ziel trotzdem erreicht wird.

Diese Vorstellung vom »Gesicht wahren« schließt noch tiefere Wahrheiten ein, Wahrheiten, die vor langer Zeit von den taoistischen Weisen in China aufgedeckt wurden. Die Tatsache, daß diese Wahrheiten noch heute für uns von Bedeutung sind, hat mich dazu bewogen, dieses Buch zu schreiben. Wir leben in einer Zeit, deren philosophische und spirituelle Grundlagen sich ganz erheblich von denen der taoistischen Einsiedler und auch von der stilisierten Formalität des »vollkommenen Menschen« im Konfuzianismus unterscheiden. Das Ergebnis ist das Chaos, in dem wir uns nun befinden.

In diesem Kapitel geht es um grundlegende taoistische Überzeugungen, veranschaulicht durch die typisch chinesische Konzeption vom »Gesicht«.

Eine dieser Überzeugungen lautet, daß die unermeßliche Kraft des Universums durch das wechselseitige Spiel von positiven und negativen Kräften, von *Yin* und *Yang*, aufrechterhalten wird.

Dieses wechselseitige Spiel von Yin und Yang schließt den steten Wandel ein, der nach taoistischer und ganz allgemein nach östlicher Auffassung immer zyklisch verläuft, nicht linear. Dieser zyklische Wechsel ist unabwendbar. Ob er sich gut oder schlecht auf die Menschheit auswirkt, das hängt ab von unserer Einstellung gegenüber dieser Veränderung. Eine Kooperation mit der Natur fördert die Harmonie, während eine Mißachtung der Natur katastrophale Folgen hat, wie wir überall um uns herum sehen können.

Kontrolle und Kooperation mit dem Wechsel ist daher das Hauptanliegen des Taoismus, und so geht es in diesem Kapitel auch um das *I-ching*, das die Menschen in eine konstruktive Beziehung zu den kosmischen Kräften der Veränderung zu bringen versucht.

Westliches Yin/Yang

Beginnen wir mit einem Beispiel aus einer westlichen Studie über die Entwicklung des Kindes, vorgelegt von Jean Piaget, dem bedeutenden Schweizer Psychologen, der die Entwicklungspsychologie stark vorantrieb.

In seinen zahlreichen Untersuchungen zur Geistesbildung bei Kindern spricht Piaget von der *Adaptation* oder Anpassung lebender Organismen an die Umwelt im Sinne eines Gleichgewichts zwischen *Akkommodation* und *Assimilation.* Akkommodation findet als Reaktion auf Veränderung statt. Ein Tiger verspürt Hunger, geht auf Nahrungssuche, erspäht die Beute und tötet sie. Auf das Töten folgt die Assimilation: Die Beute wird dem Tiger einverleibt; sein Hunger läßt nach; ein Gleichgewicht ist hergestellt, und der Tiger hat sich der Situation angepaßt.

Der Tiger befindet sich wieder im Zustand der Ausgewogenheit. Ähnlich funktioniert es mit dem intellektuellen »Hunger«: Auf der Suche nach geistiger Nahrung akkomodiert sich der Wißbegierige und widmet sich dem Studium. Er assimiliert das neue Wissen und gelangt dadurch zu neuen Einsichten, so daß eine Adaptation erreicht wird, ein Gleichgewicht zwischen Assimilation und Akkomodation.

Im taoistischen Sinne ist der gesamte Prozeß ein Beispiel dafür, wie das nach außen gerichtete Yang (Hunger, der wißbegierige Geist, der erforschende Körper) durch das nach innen gerichtete Yin (Verdauung, Verarbeitung von Wissen, Abstecken des Terrains) ergänzt wird und wie die Auflösung der Spannung zwischen beiden in ein dynamisches Gleichgewicht mündet.

Dieser Prozeß ist vergleichbar mit der Reizung in der Muschel, die eine Perle hervorbringt. Es beginnt mit einem Sandkorn, an das die Innereien des Weichtieres sich anpassen, um die Reizung zu lindern. Das Sandkorn wird an die körpereigenen Stoffe des Weichtieres assimiliert. Es kommt zu einer Anpassung, einem dynamischen Gleichgewicht, und die Welt ist um etwas Schönes reicher.

Beim Lesen dieses Buches werden Sie Ihre vorgefaßten Meinungen in das Gelesene mit einfließen lassen. Diese Meinungen werden vielleicht mit etwas Neuem konfrontiert, und es entsteht ein Zwiespalt. Sie werden wahrscheinlich Ihre früheren Gedanken an das Neue akkomodieren und dabei nach Anhaltspunkten suchen, die mit Ihren Vorstellungen übereinstimmen. Schaffen Sie dies, dann wird das Neue bald von dem alten Gedankengut assimiliert und wieder ein neues Gleichgewicht hergestellt. Sie fühlen sich wohler und freuen sich womöglich auf die nächste gedankliche Konfrontation.

Beim Schreiben des Buches läuft ein ähnlicher Prozeß ab. Ich setze mich an meinen Schreibtisch, um dieses Kapitel zu schreiben, mit einigen zurechtgelegten Gedanken aus früheren Aufzeichnungen zu diesem Thema. In einem einschlägigen Werk suche ich nach einer Bestätigung oder nach einem treffenden Zitat. Beim Lesen stoße ich auf einen neuen Gedanken oder einen Satz, der mein Thema näher erläutert oder (o Schreck!) im Widerspruch dazu steht. Ich mache eine Pause und lasse das Neue auf mich wirken, integriere es und erlebe jenes Glücksgefühl, das sich im Zustand des kreativen Gleichgewichts einstellt.

Kaum habe ich diese Worte geschrieben, halte ich schon wieder inne. Woher stammt dieser Ausdruck »kreatives Gleichgewicht«? Ich denke angestrengt nach. Ich bin leicht verwirrt, und mir wird klar, daß ich mich jetzt eingehend mit dem Prozeß der Kreativität befassen könnte (müßte?). Ich beschließe, es dabei zu belassen, merke aber, daß ich noch immer mit aufgestütztem Kopf dasitze und leeren Blickes die gegenüberliegende Wand anstarre.

Ganz gleich, ob ich jetzt weiterschreibe oder mir noch einen Kaffee koche, ich weiß, daß der disharmonische Zustand andauern wird, bis etwas, das ich schreibe, lese oder sonstwie erfahre, irgendwie und vielleicht in synchronistischer Weise ein neues Gleichgewicht herbeiführt.

(Dies veranschaulicht den Glauben der Taoisten, daß das Universum – das Tao – den Prozeß der Erleuchtung jederzeit zu unterstützen bereit ist, und erklärt auch die daraus folgende Überzeugung, daß ein unbekümmertes, jedoch mit reger Aufmerksamkeit verbundenes Loslassen der Dinge den Ausgleich herbeiführt, vergleichbar mit dem Wasser, das immer wieder dem tiefsten Punkt entgegenstrebt, oder mit einem Kleinkind, das spielerisch seine

Umgebung erkundet. Wir begegnen diesem Prinzip – das die Chinesen *Wu-wei* nennen – noch einmal an anderer Stelle in diesem Kapitel und wiederholt auch im weiteren Verlauf dieses Buches.)

Ein kleines Kind verwendet seine gesamte Zeit darauf, die eigenen Bedürfnisse mit der harten Wirklichkeit draußen in der Welt mehr und mehr in Einklang zu bringen. Es lernt, seine Umwelt zu akzeptieren und sein Verhalten so einzurichten, daß es auch Hindernisse akzeptieren kann, die sich ihm ab und zu in den Weg stellen. Jedes normal aufwachsende Kind wird über kurz oder lang feststellen müssen, daß es nicht durch eine geschlossene Tür gehen kann. Es paßt sich diesem Hindernis in seiner Umwelt an. Später lernt es dann, die Tür zu öffnen, das heißt, die gegebenen Verhältnisse so zu verändern, daß sie den eigenen Wünschen entsprechen. Die beiden Prozesse laufen niemals getrennt voneinander ab: Kind und Umwelt befinden sich in einem fortwährenden Zustand der Interaktion, und dieser wiederum erhält den Zustand der Anpassung aufrecht.

Pawlow war der erste, der den Begriff »Aufrechterhaltung des dynamischen Gleichgewichts« prägte. Man denkt dabei an den vorsichtigen Balanceakt eines Seiltänzers, der, bedächtig einen Fuß vor den anderen setzend, auf dem gespannten Seil balanciert, sich dem Seil und seinen Bewegungen anpaßt, um zu überleben. Der Mensch wird manchmal als »Überlebensmaschine« bezeichnet, und als solcher sichert er unseren Fortbestand, indem er die Balance hält. Ebenso wie Kinder sind auch wir Erwachsenen fortwährend bestrebt, ein dynamisches Gleichgewicht zu halten. Und ebenso wie Kindern gelingt es uns manchmal, manchmal nicht. Ein kleines Kind, das immer wieder mit dem Kopf gegen die geschlossene Tür stößt, handelt unklug. Und wer ein solches Kind beobachtet, würde zu Recht an dessen Intelligenz zweifeln. Doch worin unterscheidet sich ein Kind, das mit dem Kopf gegen die Tür schlägt, von der Menschheit, die Atomwaffenlager anlegt oder todbringenden radioaktiven Müll produziert, dessen Halbwertzeit die Dauer der gesamten menschlichen Zivilisation übersteigt?

Beim Wettrüsten wird ständig der Zustand eines dynamischen Gleichgewichts zwischen den Supermächten angestrebt, doch selten spielen dabei vernunftgemäße Überlegungen eine Rolle. Das Gleichgewicht wird so lange aufrechterhalten, bis sich die Umwelt (die anderen Supermächte und Nationen der Welt inbegriffen) als unnachgiebig erweist und es keinen anderen Ausweg mehr zu geben scheint, als mit dem Kopf gegen die Wand zu rennen. Ganz offensichtlich ist auch diese Balance, dieses Gleichgewicht der Mächte dynamisch und unterliegt der Veränderung, und wenn der einzig mögliche Yin/Yang-Ausgleich die Auslöschung des Menschen ist, was kümmert das schon das ewige Tao?

Tao kommt aus dem Chinesischen, und wir werden diesem Wort immer wieder begegnen. Es wird zuweilen mit »Weg« übersetzt, obwohl es eigentlich unübersetzbar ist. Im *Tao-te-ching* heißt es dazu: »Das Tao, das genannt werden kann, ist nicht das ewige Tao« – versucht man es zu erklären, hat man es auch schon verloren ... Für unsere Zwecke genügt es, wenn wir uns das Tao als Plenum, als Fülle des Raums vorstellen; es entspricht sozusagen dem »Urgrund allen Seins«, der sich uns als Energie offenbart, eine Energie, die die Chinesen *Ch'i* nennen.

Belebte und unbelebte Erscheinungen unterliegen in jeder Situation einem fortwährenden Anpassungsprozeß. Angefangen bei der Formation, Erosion und Neuordnung von Bergketten über die Entstehung, Existenz und Auslöschung von Galaxien bis hin zu den alltäglichsten Dingen im Leben eines Menschen gibt es keine Situation, in der nicht ein Ausgleich innerhalb der Veränderung angestrebt wird. In allen Lebenslagen ist der Mensch bestrebt, die Spannung zwischen seinem Wunsch nach Leben und Lebensfreude und einer unnachgiebigen Umwelt (wozu auch der Wunsch der Mitmenschen nach Leben und Lebensfreude gehört) zu verringern.

Östliches Yin/Yang

Die Aufrechterhaltung des dynamischen Gleichgewichts ist das A und O im Taoismus.

Zweitausend Jahre vor Christi Geburt hat der Gelbe Kaiser, einer der Begründer des Taoismus, das für ihn vorrangige Lebensgesetz aufgestellt, wonach sich alle Wesen und Dinge in einem andauernden Zustand zyklischer Wandlung, dynamischer Spannung und fortschreitender Transformation befinden. *Ch'i,* die dem Tao zugrundeliegende Energie, fließt unaufhörlich. Aus ihr sind alle Dinge hervorgegangen, und zu ihr werden alle Dinge wieder zurückkehren.

In einem alten chinesischen Text steht geschrieben: »Yin/Yang ist der Weg des Himmels und der Erde, das fundamentale Prinzip der zehntausend Dinge, der Vater und die Mutter der Veränderung und der Transformation, die Wurzel von Entstehung und Zerstörung.« Die zehntausend Dinge sind die vielfältigen Erscheinungen des Universums; das materielle Universum wird durch das ständige Zusammenspiel von Yin und Yang in einem dynamischen Gleichgewicht gehalten. Die zwei großen Kräfte sorgen für die fortwährende Erschaffung der zehntausend Dinge (siehe Abbildung 1).

Im 42. Kapitel des *Tao-te-ching* heißt es: »Das geschaffene All trägt am Rücken das Yin und vorne das

Yang, durch die Vereinigung dieser alldurchdringenden Prinzipien erlangt es den Einklang.«

Das wechselseitige Spiel von Yin und Yang ist stark in das chinesische Alltagsleben integriert und für Leute aus allen Schichten und Berufen von elementarer Bedeutung.

In der chinesischen Kunst beispielsweise steht das Schwere immer in einem Spannungszustand mit dem Leichten, und die Auflösung des Gegensatzes ist ein lebendiges Gleichgewicht in den Augen des Betrachters, ausgelöst durch den Geist und die Fertigkeit des Künstlers.

Die konstante Spannung zwischen positiven und negativen Kräften, zwischen Vorgehen und Zurückweichen, zeigt sich auch in der chinesischen Kunst des *T'ai-chi-ch'uan* und in allen Kampfkünsten schlechthin.

Das Zusammenspiel von Yin und Yang läßt sich auf alle Lebensbereiche anwenden. Dieses Zusammenspiel kann sowohl zart und sanft als auch brutal und heftig aussehen. So ist die explosive Energie, die manchmal von einem Kampfsportmeister freigesetzt wird, in der Tat sehr beeindruckend.

Bei dem Wort »Harmonie« schwingen zwar sanfte Untertöne mit, doch soll an dieser Stelle einmal festgestellt werden, daß der Prozeß der Harmoniefindung keineswegs immer sanft verläuft. Sicher, die Taoisten sehen sich als sanftmütige Geschöpfe, die den weltlichen Dingen gern den Rücken kehren. Trotzdem erstaunt es sie nicht, daß das dynamische Gleichgewicht manchmal durch eine plötzliche, brutale und umwälzende Veränderung herbeigeführt wird. Auch stehen sie einem solchen abrupten Wechsel nicht ablehnend gegenüber. Sie sind lediglich darum bemüht, ihre Handlungsweise der sich abzeichnenden Veränderung anzupassen.

Abbildung 1: Das Yin/Yang-Symbol steht für die zwei großen ausgleichenden Kräfte, die das Universum aufrechterhalten. Beide Elemente sind in einer dynamischen, tanzenden Form vereint, und jedes der beiden Elemente enthält den Keim des anderen in der Form eines dunklen bzw. hellen Punktes.

Der zyklische Wandel

Zu Hilfe kommt ihnen dabei der Umstand, daß neben dem Yin/Yang-Prinzip noch ein weiteres wichtiges Gesetz existiert: das Gesetz vom zyklischen Wandel.

Ein Menschenleben verläuft zyklisch und nicht linear, wie es zum Beispiel Shakespeare mit den sieben Lebensaltern des Menschen dargestellt hat. Das wird deutlich im buddhistischen »Lehrsatz vom bedingten Entstehen« und generell im östlichen Glauben an Karma und Wiedergeburt. Alle Manifestationen vom Elementarteilchen über den Menschen bis zu den Galaxien unterliegen einem ständig wiederkehrenden Kreislauf von Geburt, Wachstum, Verfall und Tod, gefolgt von Wiedergeburt, Wachstum, Zerfall und Tod. Die Wiederholungen sind endlos; das soll aber keineswegs heißen, daß die darauffolgenden Zyklen identisch sind, denn das Wesen der Wiedergeburt ist ja gerade der Wandel. Selbst wenn die Taoisten nicht an den Geburtenkreislauf glauben, sondern an die Unsterblichkeit dieses einen Lebens, so halten sie dennoch eine Vervollkommnung für möglich, und zwar durch Lenkung des Wandels, der während dieses einen Erdenlebens in jedem Augenblick für eine Wiedergeburt sorgt.

Wenn es um die Aufrechterhaltung des dynamischen Gleichgewichts geht, darf man den ständig wiederkehrenden Kreislauf nicht außer acht lassen. So wie Gottes Mühlen langsam mahlen, aber am Ende doch gründlich und gerecht, so mag der Ausgleich zwar lange auf sich warten lassen, aber letztendlich kommt er doch.

Aus diesen Worten ergibt sich eine praktische Konsequenz. Ob nun ein besseres zukünftiges Leben oder die Unsterblichkeit in der jetzigen Existenz angestrebt wird, ratsam ist es allemal, daß der einzelne so wenig wie möglich eingreift. Was aber einmal begonnen wurde, sollte mit größter Aufmerksamkeit weitergeführt werden.

Man sollte *Wu-wei* (Nichthandeln) praktizieren, das heißt, jegliche Planung, Bemühung und Anstrengung vermeiden und statt dessen voller Aufmerksamkeit in Übereinstimmung mit der momentanen Notwendigkeit handeln.

Dieses Prinzip vom »Nichthandeln« hat zu der irrigen Meinung geführt, der Taoist sei träge und passiv und befasse sich ausschließlich mit der Betrachtung von Blumen und dem Anbau von Kräutern, lebe ansonsten aber zurückgezogen und kümmere sich nicht um die Belange seiner Mitmenschen. Die Natur kann aber auch heftig und grausam sein, sie kommt manchmal nicht ohne Erdbeben und Taifune aus, mit denen sie Druck und Spannung ausgleicht. In ähnlicher Weise kann auch ein Weiser, ein Erleuchteter, heftig reagieren, wenn er dem Lauf des Wassers folgt. Im Aufspüren, Begünstigen und Unterstützen des steten Wandels handelt der Weise genauso selbstlos wie ein Erdbeben. Und seinen Mitmenschen steht es frei, dies falsch auszulegen, denn sie haben das Recht auf Irrtum. Der Weise hat den Prozeß nicht in Gang gesetzt, er hat sich ihm angeschlossen, allerdings nicht als passiver Beobachter, sondern als aktiver Teilnehmer.

Alles unterliegt dem zyklischen Wandel, der von Yin und Yang gesteuert wird. Jeder Eingriff in den harmonischen Spannungszustand zwischen den beiden Kräften wirkt destruktiv auf Lebewesen, Gegenstände, Systeme und Weltreiche, auf kurze oder auf lange Sicht. Männer und Frauen müssen sich diesem Gesetz nicht nur unterwerfen, sie – als bewußte Menschen – müssen auch bestrebt sein, die Harmonie zwischen den Gegensätzen zu fördern und sichtbar zu machen, denn alle Gegensätze tragen in sich den Keim von Yin und Yang. Daß diese Weltsicht Auswirkungen auf das Leben in der Gemeinschaft hat, steht außer Frage. Vorurteilsfreies Denken, mehr Toleranz, eine weise Regierung und mehr könnten die Folge davon sein.

Die Lebensart des Taoisten erwächst aus praktischer Weisheit und stärkt sie in allen Bereichen des sozialen Lebens wie auch der persönlichen Entwicklung.

Auf der Suche nach Weisheit kann sich der Taoist zahlreicher Methoden bedienen, die allesamt seit vielen Jahrhunderten praktiziert werden. So seltsam sie in den Augen der intellektuellen Westler auch anmuten, ihr Erfolg ist und bleibt unbestritten.

Das I-ching

Ein wichtiger Weg zu Weisheit und deren Anwendung im täglichen Leben liegt im Aufspüren des steten Wandels und in der Anpassung daran. In diesem Zusammenhang muß man wissen, wie die Umstände sich in bezug auf einen selbst verändern.

Eine Technik, mit der sich die Chinesen von alters her in den Prozeß des zyklischen Wechsels im Universum einzugliedern versuchen, um sich dem Ablauf der Geschehnisse anzupassen und eins zu werden mit den himmlischen Mächten, ist die Anwendung von Weissagungsmethoden.

Die im Westen bekannteste Methode ist das *I-ching*. Dieses alte Orakelbuch, das *Buch der Wandlungen*, tut genau das, was sein Name sagt: Es veranschaulicht den Prozeß des steten Wandels mit Hilfe von Hexagrammen, die sich aus den Kombinationen der Zeichen für Yin und Yang ergeben (siehe Abbildung 2).

Die Weissagungsmethode läßt sich gut an einem Beispiel aus dem modernen Leben veranschaulichen. Zu diesem Zweck habe ich mir erlaubt, das I-ching in gleicher Weise zu befragen wie ehedem C. G. Jung und John Blofeld.

Ich stellte eine Frage, die einen praktischen Bezug zum Leben hat und jeden Geschäftsmann von heute interessieren könnte. Diese Frage lautete: »Soll ich diese Aktien kaufen?«

Die Hexagramme ergeben sich in vereinfachter Weise aus dem Wurf von drei Münzen: Zeigen zwei oder drei Münzen mit der Kopf- oder Wappenseite nach oben, bedeutet es Yang und wird als durchgehender Strich dargestellt. Zwei oder drei obenliegende Rück- oder Zahlseiten werden als gebrochene Yin-Linie dargestellt. Nach sechsmaligem Werfen baut sich von unten nach oben ein

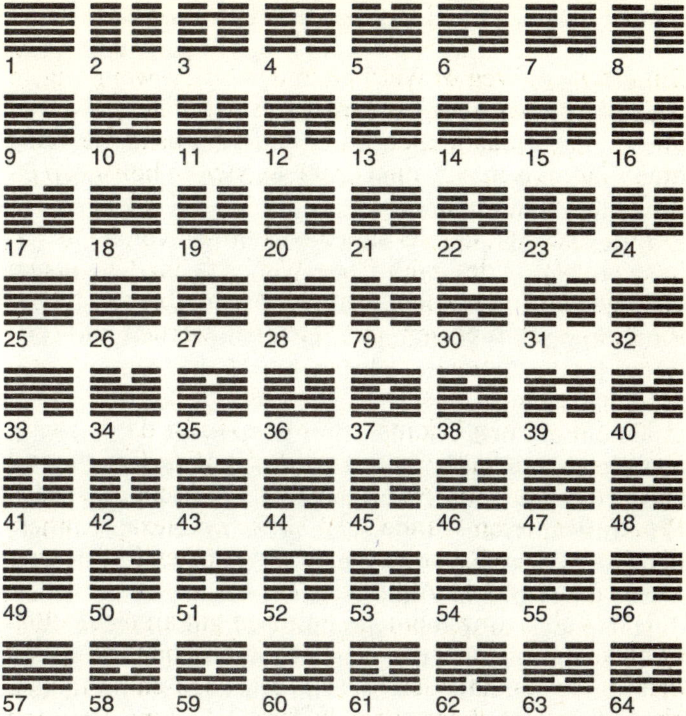

Abbildung 2: Die Reihenfolge der Hexagramme im I-ching. Yang-Linien sind als durchgehender Strich dargestellt, Yin-Linien als gebrochene Linie.

sechsstufiges Zeichen auf, das aus Yin- und/oder Yang-Linien besteht, und wir erhalten das Hexagramm A in Abbildung 2.

In diesem Hexagramm wird die fünfte Linie von unten durch eine starke Yang-Linie repräsentiert, da alle drei Münzen Yang waren. Eine so starke Yang-Linie wird unweigerlich in Yin umschlagen, und dies ist bei der Deutung des Hexagramms besonders wichtig.

In Richard Wilhelms[1] Übersetzung finden wir dieses Hexagramm unter der Nummer 31 mit dem Titel »Die Einwirkung (Die Werbung)«. Im Text heißt es dazu: »Die Einwirkung. Gelingen. Fördernd ist Beharrlichkeit. Ein Mädchen nehmen bringt Heil.« Diese Zeilen kann man als einen sehr positiven Hinweis werten, die Aktien ruhigen Gewissens zu kaufen. Die Anspielung auf die Ehe kann verschiedene Bedeutungen haben. Es könnte damit ein Annehmen der Gegensätze gemeint sein, das Eingehen einer harmonischen Beziehung ohne Konfrontation.

Soweit stehen also die Zeichen recht günstig. Allerdings handelt es sich bei der fünften Linie um eine sogenannte »bewegte« Linie. Der Kommentar dazu lautet: »Die Einwirkung äußert sich im Nacken. Keine Reue!« Hier scheint die Rede von Halsstarrigkeit zu sein, und es wäre unklug, die Warnung davor in den Wind zu schlagen.

Im großen und ganzen könnte man die Weissagung so deuten, daß der Zeitpunkt für den Kauf der Aktien zwar günstig ist, daß sich die Situation aber unweigerlich auch wieder verschlechtert – vielleicht ein Hinweis auf einen Börsensturz.

In einem Kommentar zu diesem Text im I-ching heißt es unter anderem: »Aus den Anziehungen, die etwas ausübt, kann man die Natur aller Wesen im Himmel und auf Erden erkennen.« Vielleicht soll dies ein Hinweis darauf sein, daß es sich lohnt, die Gegensätze, das Für und das

Wider, näher zu untersuchen. Auch hier wird also Vorsicht angeraten.

In einer weiteren Anmerkung zur Symbolik des Hexagramms heißt es: »Auf dem Berge ist ein See«: das Bild der Einwirkung. So läßt der Edle durch Aufnahmebereitschaft die Menschen an sich herankommen. (Wörtlich: So nimmt der Edle durch Leere die Menschen auf.) Das läßt darauf schließen, daß selbstloses Verhalten im weitesten Sinne von Vorteil ist. Es könnte bedeuten, daß man den Rat zur Vorsicht auch an andere weitergibt.

Durch die bewegte Linie entsteht ein neues Zeichen, und das I-ching gibt damit Aufschluß über die mögliche künftige Entwicklung. Das neue Hexagramm ist die Nummer 62 (siehe Hexagramm B).

Dieses Hexagramm trägt den Titel »Des Kleinen Übergewicht« und der Text dazu lautet wie folgt: »Des Kleinen Übergewicht. Gelingen. Fördernd ist Beharrlichkeit. Man mag kleine Dinge tun, man soll nicht große Dinge tun. Der fliegende Vogel bringt die Botschaft: Es ist nicht gut, nach oben zu streben, es ist gut, unten zu bleiben. Großes Heil! «

Der vorsichtige Investor erhält also insgesamt eine Fülle von Informationen. Die Informationen sind zwar nicht eindeutig, reichen aber aus, um in Übereinstimmung mit den sich wandelnden Umständen eine weise Entscheidung treffen zu können. Die Hinweise sind ausgesprochen vernünftig und pragmatisch, genauso wie es die Chinesen vom I-ching erwarten.

Zusammenfassung

Die Veränderung ist unabwendbar. Einem Wellenreiter gleich, folgt der Weise dem Lauf des Wassers, um das Beste aus der Situation zu machen, stets in der Gewißheit, daß eine Anpassung an die himmlischen Mächte allen zugute kommt: dem Weisen selbst, seinen Mitmenschen und dem Universum als ganzem.

Sinn und Zweck der taoistischen Praktiken ist es, mit allen zur Verfügung stehenden Mitteln auf eine universelle Harmonie hinzuarbeiten, und dies ist ein Prozeß, der im Inneren abläuft. Wie die folgenden Kapitel zeigen, kann eine solche Harmonie in vielen Bereichen angestrebt werden: in der persönlichen Lebensführung, im körperlichen Wohlbefinden, in der Beziehung zu seinem Nachbarn, in der Beziehung zu seiner Umwelt und in der Beziehung zum Universum. Eine solche Handlungsweise erfordert Aufmerksamkeit, körperliche Fitneß und Aufgeschlossenheit.

Der Taoismus ist eine pragmatische Philosophie, wie nicht anders von den Chinesen zu erwarten. Er geht nicht ständig mit hochgeistigen Ansichten hausieren, sondern weist vielmehr die ganz realen praktischen Vorteile hin, die sich aus der Einhaltung seiner Prinzipien ergeben. Was könnte noch schiefgehen, wenn der Mensch sein Leben auf der materiellen wie auf der psychischen Ebene nach dem natürlichen Fluß ausgerichtet hat? Der wirklich gesunde und ganzheitliche Mensch bildet eine Einheit, bei der mentale, physische, spirituelle und kosmologische Aspekte zusammenwirken und sich gegenseitig verstärken.

Damit die Menschen die taoistischen Prinzipien besser befolgen können, werden ihnen praktische Hilfsmittel an die Hand gegeben. Das I-ching ist nur eines davon; wir werden noch andere kennenlernen: alchimistische Techniken, sexuelle Praktiken, die Beobachtung von Yin und Yang in der Landschaft usw. Alle diese Hilfsmittel werden tagtäglich von den Taoisten zur Durchsetzung ihrer Ziele benützt. Diese Ziele können vielgestaltig sein: Das fängt damit an, die große Klugheit des Weisen zu erreichen oder eine sympathische Frau zu finden, und hört damit auf, Unsterblichkeit zu erlangen oder einen Riesengewinn im Lotto zu machen, und nicht zuletzt geht es dabei auch um das Wahren des Gesichts.

Die subtile Kunst vom Wahren des Gesichts stützt sich auf die grundlegende taoistische Überzeugung, daß das gesamte Universum durch die Spannung zwischen positiven und negativen Kräften, zwischen Yin und Yang, zusammengehalten wird, jenen zwei chinesischen Begriffen, unter denen alle Gegensätze zusammengefaßt sind. Ohne das ständige Zusammenspiel von Yin und Yang, von allen polaren Gegensätzen, würde das soziale Netz zusammenbrechen, von den Individuen und dem Universum ganz zu schweigen.

Deshalb waren die Taoisten immer um universelle Harmonie und Ausgewogenheit bestrebt. Nur wenn Harmonie im menschlichen Verhalten und in der Umwelt des Menschen erreicht wird, kann die Menschheit als ganze den generellen Prozeß des kosmischen Wandels fördern. In der Tat sind beide identisch: Wenn wir in einer ausgewogenen und würdevollen Beziehung zu unseren eigenen Nachbarn und Neurosen leben, fördern wir auch den universellen Prozeß.

Es zeugt deshalb nicht nur von schlechten Umgangsformen, wenn man seinen Mitmenschen dazu bringt, das Gesicht zu verlieren, es ist darüber hinaus unklug. Der Gesichtsverlust eines anderen bedeutet immer, daß man zu weit gegangen ist, die Balance verloren hat und wahrscheinlich selbst auf die Nase fällt. Im wahrsten Sinne des Wortes trifft dies auf die östlichen Kampfsportarten zu.

Niemand kann behaupten, daß der heutige Mensch ein ausgeglichenes Leben in einer ausgewogenen Welt führt. Es ist eher so, daß wir in allen Bereichen des menschlichen Strebens den Respekt vor uns selbst und vor unserer Umwelt verloren haben, einen Respekt, den primitive Völker sich bis heute bewahren konnten. Die Taoisten glauben, daß auch unbelebte Gegenstände ebenso wie die Menschen teilhaben am belebenden, alles durchdringenden Prinzip des Universums, das sie Tao nennen und das sich in der Wechselwirkung von Yin und Yang manifestiert. Wir modernen Menschen aber gehen zu weit, verlieren auf höchst unschöne Weise unser kollektives und individuelles Gleichgewicht in fast allen unseren Bemühungen und erwecken dabei den Anschein, als könnten wir jeden Moment stürzen, mit dem Gesicht zuerst in einen verschmutzten und radioaktiv verseuchten Schlamm, den wir selbst produziert haben.

Um jede noch so kleine menschliche Tätigkeit ausführen zu können, bedarf es des Ausgleichs zwischen positiven und negativen Kräften. Dieses Prinzip läßt sich an einer so einfachen und alltäglichen Sache wie dem Gehen gut veranschaulichen: Gehen ist die schrittweise Fortbewegung auf den Füßen, bei der Ungleichgewicht und Gleichgewicht einander ablösen und somit ein Zustand des dynamischen Gleichgewichts hergestellt wird.

Wir haben weitgehend vergessen, daß wir Geschöpfe sind, deren Überleben als Gattung seit jeher auf ein solches Gleichgewicht zwischen Entwicklung und Status quo angewiesen ist. Diese Abhängigkeit teilen wir mit allen anderen Lebewesen und mit der gesamten Schöpfung.

Zum Glück leiden wir aber nicht unter einem vollständigen kollektiven Gedächtnisschwund. Die kosmische Wahrheit, daß unsere eigene Existenz der Aufrechterhaltung des dynamischen Gleichgewichts zwischen Gegensätzen bedarf, läßt sich nicht verleugnen und klopft ständig bei uns an, so als wollte sie unsere ganze Aufmerksamkeit gewinnen. Das werden wir wiederholt in diesem Buch feststellen.

Jeder einzelne ist Teil des gesamten Universums, und

als solcher hat er teil am steten Wandel seiner Energien, wie der zyklische Lauf der Dinge im Zusammenspiel von Yin und Yang beweist. Taoisten (und auch viele Nicht-Taoisten) haben aus der aufmerksamen Betrachtung vom Zustand und Lauf der Dinge zu einem gegebenen Zeitpunkt die feste Überzeugung gewonnen, daß alles, angefangen bei den einfachsten Dingen bis hin zu den höchsten Zielen, in diesem Leben zu erreichen ist.

Im zweiten Teil des Buches befasse ich mich mit vier menschlichen Erfahrungsbereichen, in denen das gestörte Gleichgewicht offensichtlich ist. Vor allem der erste dieser Bereiche ist im Westen bereits seit Jahrhunderten deutlich gestört.

Teil II

Disharmonie

Die Harmonie würde ihren Reiz verlieren, lauerte da nicht im Hintergrund die Disharmonie.

Tehyi Hsieh

KAPITEL 2

Das Toben des azurblauen Drachen

Stellen wir uns einmal vor, es ist Januar.

Weihnachten ist vorbei, und das Jesuskind wird wieder in Seidenpapier eingewickelt und zusammen mit den Plastikochsen, den Pappengeln und Maria und Josef bis zum nächsten Jahr verwahrt.

So weit, so gut, diese nette alte Geschichte einer außergewöhnlichen Empfängnis, auf die eine Geburt in bescheidenen Verhältnissen folgt. Beide Ereignisse leiteten ein außergewöhnliches Leben ein. Aber warum soll man die Kinder mit der Jungfrauengeburt verwirren? Was war denn bloß mit Maria los?

Sie ist Yin, der weiße Tiger, der Keim zur unaufhaltsamen, zyklischen Verwandlung.

Das vorliegende Kapitel befaßt sich mit dem von ihr verkörperten Prinzip des dynamischen Gleichgewichts, dem eigentlichen Kern der taoistischen Lehre. Dieses Prinzip ist allgegenwärtig, wird aber von den meisten etablierten und organisierten Religionen so gut wie gar nicht anerkannt.

Für einen wahren Taoisten ist organisierte Religion ein Greuel. Es trifft zwar zu, daß es über ganz China verstreut zahlreiche taoistische Tempel gab, in denen unter der Leitung einer hierarchisch strukturierten Priesterschaft eine Vielzahl von Göttern verehrt wurde. Solche Entartungen einer ursprünglichen Einfachheit sind aber nicht nur auf den Taoismus beschränkt. Was den Taoismus so einzigartig macht, ist die Tatsache, daß seine grundlegende Einfachheit in der Abgeschiedenheit eines so weiten Landes wie China lange Zeit überdauert hat. Viele Menschen teilen die Hoffnung, es mögen auch heute noch Einsiedeleien existieren, in denen der alte Taoismus praktiziert wird. Und sollte sich diese Hoffnung als falsch erweisen, dann gibt es immer noch das chinesische Volk, das im täglichen Leben stets das universelle Prinzip vor Augen hat, daß der Kosmos durch ein dynamisches Gleichgewicht von zwei entgegengesetzten Polen aufrechterhalten wird.

Diese grundlegende Bipolarität wird im Taoismus auf vielfältige Art und Weise symbolisch dargestellt, nicht zuletzt in der Vereinigung der Geschlechter: in der Vereinigung des männlichen azurblauen Drachen mit dem weiblichen weißen Tiger. Ihre Verbindung veranschaulicht die Ausgewogenheit zwischen den konträren, aber zusammenwirkenden Kräften Yin und Yang, die die gesamte Schöpfung hervorbringen.

Geht dieses Gleichgewicht verloren und äußert sich das im weltweiten Raubbau an den Wäldern, im Wettrüsten und ähnlichem, dann brauchen wir uns nicht zu wundern, wenn wir – die Bewohner dieses Planeten – als Folge davon in den Abgrund gestoßen werden. Die Industriestaaten ebenso wie die Entwicklungsländer verkennen den Platz des weißen Tigers im Gesamtplan und bringen sich dadurch selbst in Gefahr, denn auch Tiger haben Krallen.

Der weiße Tiger im Christentum

Wir hier im Westen, die Erben der christlichen Tradition, stecken bis zum Hals im Dreck, in einem Dreck, den wir ausschließlich selbst produziert haben, weil wir anscheinend nicht in der Lage waren, unsere Bedürfnisse nach mehr Nahrung, mehr Konsumgütern, mehr Nachkommen, mehr von allem einzuschränken. Wir sind nicht streng genug gegen uns selbst, wenn wir mal wieder unsere Lust auf einen Schokoladen-Eclair oder auf einen Atomsprengkopf befriedigen wollen. Solche Launen sind kindisch, und wie alle kindischen Launen müssen sie befriedigt werden. Aber die Befriedigung fordert ihren Preis.

Welchen Preis? Ach, es geht ja nur um die Zukunft des Planeten Erde, um die Zukunft unserer Kinder, um die Zukunft einer Million Äthiopier. Reich doch mal den Braten rüber.

All das beruht auf einem Zustand, in dem das Yang-Element das Übergewicht bekommen hat. Robert Graves ist dieser Überlegung nachgegangen und dabei zu folgendem Schluß gekommen: Praktisch gesehen werden wir derzeit vom Yang-Sonnengott Apollo beherrscht, der mit der Thermonuklearbombe als Blitz und Donner bewaffnet ist.

Das I-ching lehrt uns jedoch, daß ein übermächtiges Yang bereits den Wandel zum Yin in sich trägt.

Maria hat es zu allen Zeiten gegeben. Für Millionen von Katholiken das Objekt der Verehrung, fungiert sie für sie als Vermittlerin zwischen dem Gottessohn und Gottvater. Im taoistischen Sinne könnte man sagen, sie stellt das Yin-Gegengewicht in einer ansonsten männlich dominierten Religion dar.

Ist das Gleichgewicht in der Familie gestört, kommt es leicht zu Streßsituationen. Ein Vater, der seine Kinder ohne Mutter aufzieht, kennt diese Schwierigkeiten. Kann es sein, daß die christliche Kirche dieses Problem nun auch in ihrer eigenen Familie erkannt hat? Vielleicht ist sie jetzt endlich bereit, die notwendige Spannung zwischen den Gegensätzen anzuerkennen, die die Schöpfung in Gang hält und die Familien weiterleben läßt.

Es gibt schwache Anzeichen für eine große Wandlung

in der christlichen Welt. So mag die Ordination von Frauen in der anglikanischen Kirche ein Verdienst der Frauenbewegung sein, vielleicht hat sie aber auch andere Ursachen. Und was ist mit dem Papst, der weltweit marianische Schreine besucht? Warum hat er seinem Wappen ein »M« hinzugefügt?

Vielleicht ist ja die christliche Kirche im Begriff, zu alten Formen zurückzukehren, als Reaktion auf den unbewußten Druck der kosmischen Yin-Yang-Kräfte, und erkennt von neuem den Einfluß vorchristlicher und nichtchristlicher Wahrheiten an, die an die Notwendigkeit erinnern, daß die gestrenge Herrschaft des Vaters durch die Frau, die Mutter, die Gefährtin und das Alter ego ausgeglichen werden muß.

Im Christentum und im Islam hat das männliche Prinzip Yang jedoch immer dominiert. Warum?

Vielleicht hatte das harte Leben in der Wüste unter sengender Hitze einen gewissen Anteil daran, daß die von Männern dominierten Religionen sich ausbreiteten, mit ihrer ganzen Aggressivität und Durchsetzungskraft. Nur wer Einsatz zeigt und aktiv ist, der bringt es zu etwas und sichert sich einen guten Platz in einer feindlich gesinnten Welt. Wer hingegen in einem solchen Umfeld Zurückhaltung zeigt, mütterliche Fürsorge und selbstlosen Beistand walten läßt, der wird es schwer haben, von anderen Anerkennung zu bekommen, und er wird auch sich selbst kaum achten können.

Ganz gleich, welche Gründe vorliegen, es besteht kein Zweifel daran, daß der patriarchalische Vater die matriarchalische Mutter von ihrem Platz verdrängt und aufs Abstellgleis geschoben hat. In den Wüstenländern und in den von den Wüstensöhnen eroberten und kolonialisierten Ländern konnte sich das männliche solare Bewußtsein mit seinem linkshemisphärischen, abstrakten und begrifflichen Denken gegenüber dem weiblichen Bewußtsein durchsetzen. Wie die dort lebenden Frauen wurde der weiße Tiger körperlich und seelisch zurückgedrängt. Und selbst in Gebieten fernab der Wüste wurden die Frauen jahrhundertelang in den Hintergrund geschoben und von den Beratungen der Männer ausgeschlossen.

Der weiße Tiger ist aber trotzdem allgegenwärtig, und er hat Krallen. Dieser Tatsache ist sich der azurblaue Drache in den tiefsten Tiefen seines Unterbewußtseins stets bewußt.

Eine psychoanalytische Sicht

Männer und Frauen, insbesondere hier im Westen, kehren dem weißen Tiger den Rücken, und als Folge davon werden sie fortwährend von Neurosen und psychosomatischen Krankheiten geplagt.

In einem frühen Entwicklungsstadium leben Männer wie Frauen in ständiger Angst vor der Mutter, ebenso wie die Menschheit als ganze vor Urzeiten die Erdmutter gefürchtet hat. Sie (oder ihre Brust) wird frühzeitig als Dreh- und Angelpunkt eines Lebens erkannt, das nur allzuleicht auszulöschen ist. Wenn man Melanie Klein und anderen Neo-Freudianern glauben darf, dann durchlebt ein jeder von uns ein Stadium der Furcht vor der Vernichtung der Mutter, verbunden mit dem Wunsch, sie zu vernichten. Da dieser Wunsch aber so schrecklich ist, wird er ins Unbewußte verdrängt. Es ist ein Stadium, in dem viele von uns ein Leben lang steckenbleiben.

Dieser Theorie zufolge ist es kein Wunder, daß wir das Feminine als negativ und böse ansehen. Es ist kein Wunder, daß das Riesenungeheuer, das in seinen Tatzen das tibetische Lebensrad hält, weiblich ist, und es ist auch kein Wunder, daß wir uns lieber als Kinder eines Vatergottes sehen. Die Religionen spiegeln dieses Syndrom nur wider, und selbst der traditionelle Buddhismus, der kein personales »höchstes Wesen« kennt, ist keineswegs unschuldig in dieser Beziehung. Buddha soll einmal gesagt haben: »Es ist unmöglich, es wird nie geschehen, daß eine weibliche Arhat (Heilige) ein vollkommener und perfekter Buddha wird ... es kann nicht sein.« Doch wie wir am Beispiel des Buddhismus und des Christentums sehen werden, ist die Kehrseite der Medaille in beiden enthalten. Auch der Mahayana-Buddhismus enthält eine weiblich vorgestellte Schöpferkraft, die auf ewig weiblich bleiben soll.

Die meisten Männer und Frauen, insbesondere hier im Westen, kommen im Laufe ihres Lebens nie über das Stadium des infantilen Verhaltens hinaus, in dem sie sich von der Muttergöttin abwenden. Während beim Vatergott zumindest Hoffnung auf Vergebung besteht, scheint die mächtige Brust, die für immer vorenthalten werden kann, nachtragender zu sein. Die Menschen im Westen wollen auch gar nicht die Erdmutter oder ihre Qualitäten verehren, falls sie überhaupt irgend etwas verehren, denn wenn die Erkenntnisse aus der Psychoanalyse auch nur irgendwie Gültigkeit haben, dann müssen sich die Menschen in diesem (oder einem anderem) Leben erst von ihr abnabeln, bevor sie die Erleuchtung erlangen. Im Zustand der Erleuchtung erkennen sie die Wahrheit, daß sie jeder ein Teil des anderen sind und daß folglich ein jeder in sich selbst auch den weiblichen Aspekt der Menschheit braucht.

Nur wenige Menschen erreichen ein solches Stadium. Die meisten entwickeln sich nicht über das infantile Stadium hinaus und sehen das Weibliche weiterhin als etwas besonders Böses und Gefährliches an, man denke da nur an die Hexenverbrennungen im Mittelalter. Im Osten wurden die furchterregenden Aspekte des weiblichen

Prinzips, zum Beispiel die Göttin Kali, nicht ausgeklammert, sondern fanden ihren Platz im orthodoxen Pantheon. Eine solche Einbeziehung hat im Westen leider nie stattgefunden.

Im Westen konzentriert sich alle Macht auf den dominierenden Vater, und wo immer Religion ausgeübt wird, bleibt sie patriarchalisch und yin-verneinend. Gott selbst aber hat sich nie als Mann dargestellt; das ist einzig und allein das Werk der Menschen. Und jetzt sind sie sogar noch weiter gegangen und haben versucht, seine göttliche Allmacht an sich zu reißen. In ihrer Vermessenheit kennen sie keinerlei Furcht vor den Elementarkräften der Erde mehr. Sind sie es denn nicht, die Grundformen des Lebens erschaffen und den Atomkern gespalten haben? Ist die Erde nicht in ihrer Gewalt? Diese Überbetonung des Patriarchats hatte Folgen, deren fatale Auswirkungen wir heute mehr denn je zu spüren bekommen, so daß man sagen kann, daß Prometheus nach vielen Jahrhunderten jetzt wirklich von seinen Fesseln befreit ist.

Dennoch ist Yin auch im Westen zugegen, im Untergrund wartend, um vielleicht gerade jetzt, nachdem es jahrtausendelang wenig geachtet wurde, gerade noch rechtzeitig aufzutauchen und uns vor dem Untergang zu bewahren.

Die Weisheit ist allgegenwärtig; sie schlummert in uns und in unserer Kultur, wir müssen nur ein wenig an der Oberfläche kratzen.

Eine historische Betrachtung

Auf den britischen Inseln konnte sich lange Zeit die Religion der Kelten halten, in deren Mittelpunkt die Priesterschaft der Druiden stand. Viele Wesenszüge dieser keltischen Religion liegen im Dunkel der Vergangenheit, zudem noch verschleiert durch den romantischen Unfug, der im Laufe der letzten Jahrhunderte darüber geschrieben wurde. Dennoch scheint bei den Druiden eine von Ehrfurcht und Harmonie getragene Einstellung zur Natur, zu ihren Mitgeschöpfen und zum weiblichen Prinzip vorgeherrscht zu haben.

Artefakte und Mythologien aus ältester Zeit lassen erkennen, daß das Gottesbild in seinen Anfängen einmal weiblicher Natur war und daß der frühen Religiosität die Vorstellung zugrunde lag, die Erde sei ein gewaltiger (Mutter-)Schoß. Die Vorstellung, daß die Erde mit dem Samen der Götter in Form von Regen befruchtet wird, kann auch heute noch, wie in der Vorzeit, als Grundlage einer Urform der Religiosität angesehen werden.

Als Jäger und Sammler lebten die Menschen maßvoll, denn sie wußten, daß ihre eigene Existenz vom Einklang mit der Erde und ihren Bewohnern abhing. Das änderte sich schlagartig mit dem Aufkommen der primitiven Landwirtschaft. Die Menschen wurden sich ihrer Yang-Macht bewußt, mit der sie auf die Welt einwirken konnten, und fingen an, die Erde zu bearbeiten, anstatt mit ihr und den Naturkräften zusammenzuarbeiten. Aus leidvoller Erfahrung mit Sturm, Unwetter und anderen Naturkatastrophen wußten sie jedoch, daß sie letztlich nicht viel ausrichten konnten, denn alle Früchte entsprangen dem Schoß der Mutter Erde. Letzten Endes blieben die Menschen den Naturgewalten ausgeliefert.

Unsere eigenen Vorfahren spürten instinktiv, daß es für sie am besten war, wenn sie sich dem Willen der Natur und der Götter anpaßten, soweit sie ihn erkennen konnten.

Als das Christentum die britischen Inseln erreichte, paßten die keltischen Christen Elemente ihrer alten Religiosität an die neue Religion an. Sie glaubten auch weiterhin, daß Gottes Wille sich durch ihre Verehrung der

Natur, ihrer Rhythmen und der Harmonie mit der Umwelt offenbaren würde. Würden sie sich achtlos oder absichtlich über die Natur hinwegsetzen, hätte das zwangsläufig katastrophale Folgen. Andererseits würde ihnen bei Befolgung der göttlichen Gesetze viel Gutes zuteil werden. In all diesen Denkweisen war nichts von der Grausamkeit der Wüste zu spüren.

Was ihre Tierliebe betraf, könnte man sie als die geistigen Vorläufer des heiligen Franz von Assisi bezeichnen. In allen frühen Sagen und Legenden werden die keltischen Heiligen durchweg als sanftmütig beschrieben. Da ist nichts von der Arroganz gegenüber den Geschöpfen der Tierwelt zu spüren, die mit der heutigen Massentierhaltung ihren Höhe- und Tiefpunkt erreicht hat. Die Menschen der damaligen Zeit fühlten sich den Tieren eng verbunden. Sie mögen sie getadelt haben, sind aber nie grausam oder grob zu ihnen gewesen. Diese schöne Verbundenheit zwischen Mensch und Tier war weitaus enger als das Verhältnis von Sklavenhalter und Sklave, das spätere Zivilisationen eingeführt haben. Tiere wurden damals nicht als eine Art selbsttätiges Uhrwerk angesehen. (Ein Prozeß, den wir heute umzukehren versuchen, wenn wir unseren Kindern Teddybären mit eingebautem Mini-Kassettenrekorder im Bauch schenken, der sie sprechen läßt, während sie früher höchstens quieken konnten.)

Besonders wichtig erscheint in diesem Zusammenhang die Tatsache, daß sich diese Menschen absolut der Notwendigkeit bewußt waren, den weiblichen Aspekt Gottes zu bewahren.

In der gesamten frühgeschichtlichen Zeit war der »Mutter Erde« mehr Verehrung zuteil geworden als jeder männlichen Gottheit – ein Yin-Übergewicht, das zwangsläufig im Laufe der Zeit ausgeglichen werden mußte. Vor dem Aufstieg des Yang wurde zum Beispiel in Mesopotamien an einen leidenden Gott geglaubt, der alljährlich starb und in die Unterwelt hinabstieg, um dann von seiner Gattin/Muttergöttin daraus befreit zu werden. Auf Kreta gab es den minoischen Kult der Muttergöttin. Und im keltisch-christlichen Britannien war es die heilige Brigit, die nach alter Volksweisheit für das nötige Gleichgewicht sorgte.

Zu ihren Lebzeiten war sie eine Äbtissin. Nach ihrem Tode wurde sie bald zur Heiligen erhoben, um die sich viele Legenden sponnen, ähnlich wie um Gautama Buddha und die Göttin Tara aus dem Mahayana-Buddhismus. Wie die beiden letztgenannten wurde auch sie in Form einer Trinität verehrt.

Zum ersten wurde sie als Mensch gesehen, und als solcher war sie in der Lage, die Sorgen und Nöte der Menschen zu teilen. Zum zweiten wurde sie als Erdmutter und Urmutter verehrt – Robert Graves sah in ihr die Mutter aller Götter – und zum dritten als die himmlische Ernährerin. In dieser letztgenannten Funktion bot sie sich den Menschen, Männer wie Frauen, auch als Führerin auf dem Weg zur Erleuchtung an.

Die Weisheit ist immer gegenwärtig, sowohl in unserer eigenen Religionsgeschichte als auch in anderen Religionen der Vergangenheit und Gegenwart.

Der weiße Tiger im Buddhismus

Ähnlich der keltischen Göttin Brigit hat auch die Göttin Tara den Charakter der Erd- und Muttergöttin bewahrt, den die großen Denker des Mahayana- und Vajrayana-Buddhismus mit aller Genauigkeit herausgearbeitet haben. Diese tibetische Göttin vereinigt in sich drei Funktionen, mit denen sie den unterschiedlichen Bedürfnissen ihrer Anbeter gerecht wird.

Zum einen muß sie selbst einmal ein Mensch gewesen sein, der viele Zeitalter lang den Bodhisattva-Weg beschritt, bis er zur höchsten Erleuchtung gelangte. Als er das Bodhisattva-Gelübde ablegte, sich unermüdlich für die höchste Erleuchtung aller Geschöpfe einzusetzen und bis dahin auf das eigene Eingehen in das Nirwana zu verzichten, wich er etwas von der üblichen Form ab. Anstatt zu geloben, in zukünftigen Geburten als Mann wiedergeboren zu werden, gelobte er, den Menschen fortan nur in der Gestalt einer Frau dienen.

In dieser Bodhisattva-Manifestation wird Tara die Mutter aller Buddhas und die Erlöserin genannt. Als solcher schreibt man ihr die Fähigkeit zu, all jenen zur Seite zu stehen, die sie in weltlichen Dingen um Hilfe bitten.

Zum zweiten wird sie als Muttergöttin verehrt und symbolisiert die Urmutter, die die Grundlage aller Religionen bildet. In dieser Funktion hat sie wiederum drei Aspekte: Erstens ist sie die Göttin der Unterwelt, die Herrscherin über die Dämonen der Hölle. Im modernen Sprachgebrauch sind damit die Dämonen der Psyche, zum Beispiel Habgier und Geiz gemeint. In diesem Zusammenhang hat sie auch Kontrolle über die Wiedergeburten. In einem zweiten Aspekt ist sie die Göttin der Erde, die über alle Pflanzen, Tiere und Menschen gebietet. Die Herrschaft über die wilden Tiere entspricht symbolisch ihrer Fähigkeit, die niederen Triebe der menschlichen Psyche zu bändigen. Sie repräsentiert auch die himmlischen Mächte, die Sophia, die Göttin der Weisheit, dic Qucllc von Vision und Symbol, von Gesetz, Ritual, Poesie und all den Dingen, die dem menschlichen Leben einen Sinn geben.

In ihrem dritten Aspekt ist sie ein vollendeter Buddha und die Göttin der Tat. Als letztere vermag sie durch blitzschnelles Handeln Menschen zu helfen, die sie in größter Verzweiflung anrufen.[2]

Welch Glück für uns, daß Tibet diesen ausgesprochen weiblichen Ausdruck eines Erleuchtungwesens bewahrt hat für eine Zeit, in der sich der tibetische Buddhismus in einer zunehmend feministischen Welt ausbreitet, in der Epoche, in der nach tibetischer Voraussage »Vögel mit stählernen Schwingen« am Himmel fliegen!

Diese Göttin scheint wie geschaffen, die vom Yang gebeutelte Welt mit ihrem Yin auszugleichen. Wir dürfen dabei jedoch nicht vergessen, daß sie ein doppeltes Gesicht hat, dessen andere Seite wir auch von der hinduistischen Göttin Kali kennen. Kali ist die schreckenerregende Göttin der Finsternis und verkörpert all jene Eigenschaften, die der Natur zu eigen sind – sie ist grausam und zerstörerisch auf der einen Seite und unendlich wohlwollend auf der anderen Seite. Wie gesagt: Der Tiger hat Krallen!

Auch die japanische Göttin Kwannon oder Kuan-yin, wie sie im alten China von den Buddhisten genannt wurde, ist eine Personifikation der »großen Mutter« und vereinigt in sich die zwei Aspekte der Schöpferin und der Zerstörerin, ist lebenspendend zum einen, todbringend zum anderen. So hält sie in sich die Spannung zwischen den Gegensätzen aufrecht, die erforderlich ist für den Prozeß dynamischer Veränderung und Verwandlung, der durch Weisheit und Methode (Yin und Yang) zur höchsten Einheit führt, zum Nirwana oder Tao. Wie Brigit und Tara ist sie sowohl Königin des Himmels als auch Erdgöttin, die *Tellus Mater,* aus der, das Tao widerspiegelnd, alle Dinge hervorgehen und zu der alle Dinge zurückkehren. Selbst wenn sie grausam, rücksichtslos und furchtbar sein kann, so ist sie dennoch auch »freundlich, sanft und nachsichtig, stets eine Magd im Dienste der Sterblichen ...«

Die Paarung des weißen Tigers

Der Taoismus ist eine praktische und pragmatische Glaubenslehre, die die Theorie zugunsten der Praxis meidet, wann immer es möglich ist.

Nach taoistischer Auffassung kann das individuelle und kosmische Gleichgewicht unter anderem durch die rituelle (und körperliche) Vereinigung von Mann und Frau erreicht werden. Die Taoisten glauben, daß die Harmonie des Tao und die Lenkung seiner überquellenden Schöpferkraft über die sexuelle Vereinigung erreicht wird. Sogar das taoistische Streben nach Unsterblichkeit wird durch die sexuelle Vereinigung gefördert, und auch im tantrischen Hinduismus und Buddhismus wird diese Vereinigung als Weg zur Erleuchtung gesehen. Im Tantrismus wird der Frau ein hoher Rang eingeräumt, manchmal ein höherer als dem Mann. »Die Buddhaschaft hat ihren Sitz im weiblichen Geschlechtsorgan«, heißt es in einer Schrift, die das Yin-Prinzip verherrlicht. Das steht natürlich im krassen Gegensatz zur Tradition des Zölibats in den Religionen, in denen Yang dominiert. Der Liebesakt, der zwar auch, wenngleich recht selten, ein geistiges Ritual sein kann, ist in der Regel erdgebunden und sinnlich. Er spielt eine bedeutsame Rolle in unserem Alltagsleben: Unser Gefühlsleben ist im wesentlichen damit beschäftigt, das Verlangen nach einem andersgeschlechtlichen Partner zu stillen oder, wenn wir homosexuell veranlagt sind, nach einem Partner, der unsere eigenen Stärken durch seine Schwächen ausgleicht und unsere Schwächen durch seine Stärken. Was diesem Trieb zugrunde liegt, ist das Streben nach Ganzheit.

Dieser Trieb, der zu Recht als Urtrieb bezeichnet wird, enthält auch den Drang nach psychischer Ausgeglichenheit.

Wir Westler müssen ebendiesen Drang fördern, damit wir das harmonische Verhältnis zur großen, dunklen, warmen, innewohnenden Erdmutter wiederfinden, die unsere Vorfahren kannten und verehrten.

Die Urmutter ist ein Archetypus, und deshalb lauert sie im kollektiven Unbewußten aller Menschen und in allen Religionen. Neben Maria und Brigit kennt man sie in Europa als Göttermutter, Minerva, Venus, Diana, Proserpina (Persephone), Ceres, Juno, Hekate und Isis. Gewöhnlich wird sie als schöne, schlanke Frau dargestellt, hellhäutig, mit langem goldblonden Haar und blauen Augen, aber sie taucht auch in der Gestalt einer Hexe oder eines Tieres auf, zum Beispiel als Eule, Stute, Bache oder Rabe.

In Asien heißt sie Tara, Kwannon (Kuan-yin), Kali, Devi und Durga. Auch hier ist sie nicht immer gütig. Sie kann viele Formen und Gestalten annehmen; mal erscheint sie in Menschengestalt, mal trägt sie sowohl menschliche als auch tierische Züge.

Die Erde in ihrer verschwenderischen Fülle erschien den Menschen in prähistorischer Zeit genauso geheimnisvoll und wunderbar wie gebärende Frauen. Kein Wunder, daß es zu Anfang matriarchalische Kulturen gab und das weibliche Prinzip Priorität hatte. Das änderte sich auch nicht mit dem Beginn der Viehzucht, als der Zusammenhang von Geschlechtsakt und Fortpflanzung klar wurde und die Menschen sich des männlichen Anteils beim Zeugungsvorgang bewußt wurden. Verglichen mit dem, was die Frauen leisteten, war der männliche Beitrag relativ unbedeutend.

Die Taoisten erkannten bereits lange vor Freud, daß sich die Männer als sexuelle Wesen insgeheim vor den Frauen, ihren Yin-Partnern, fürchten und daß sie demzufolge auch die kosmische Schöpfungskraft fürchten, die bei der Fortpflanzung sichtbar wird. Auch wenn es sich dabei heute größtenteils um unterschwellige Ängste handelt und Yang die Oberhand zu haben scheint, spüren wir doch irgendwie (meist unbewußt), daß der Ausgleich erfolgen wird, daß die Göttin ihren rechtmäßigen Platz wieder einnehmen muß. Angstvoll blicken wir in die Zukunft, denn je länger es dauert, so fürchten wir, desto unbarmherziger wird das Gesicht sein, das die Göttin uns zeigt.

Es ist genau dieses unterdrückte Wissen, das der Mehrheit der Bevölkerung in den sogenannten hochentwickelten Ländern ihre Ruhe raubt und sie davon abhält, die scheinbare Fülle all der guten Sachen, die täglich auf sie herabregnen, uneingeschränkt zu genießen. Tief in ihrem Innern wissen sie, daß bei einer Wiederherstellung des Gleichgewichts auch der dunkle Aspekt der Erdmutter – Königin der himmlischen Mächte – zum Tragen kommen muß, verkörpert durch Kali, die indische Göttin des Todes und der Zerstörung. In diesem unbewußten Wissen liegt eine der Hauptursachen für die Existenzangst, unter der wir alle leiden.

Solche kosmischen Kräfte drängen an die Oberfläche, sie lassen sich auf Dauer nicht verleugnen. Bis vor kurzem wurde dies auch von der Menschheit als ganzer anerkannt. Heute gibt es diese Einsicht nur noch bei den sogenannten Primitiven in den abgelegenen Teilen der Welt, bis auch dort die Bulldozer dieses Wissen mitsamt den Bäumen niederwalzen.

Zusammenfassung

Es gibt in der Tat viele verschiedene Möglichkeiten, um über die Religion zu Frieden und Erleuchtung zu gelangen. In diesem Kapitel habe ich aufzuzeigen versucht, daß solche Ziele nur erreicht werden können, wenn das harmonische Zusammenspiel von Yin und Yang zustande kommt und wenn die Erdgöttin, Erdmutter, Maria, Tara, Brigit, oder wie auch immer sie heißen mag, wieder ihren rechtmäßigen Platz in den Religionen einnimmt, in denen heute Yang dominiert.

Die Menschen können, sofern sie es wirklich wollen, mit den Yin-Kräften kooperieren und wieder in den Zustand zurückkehren, in dem es ihnen früher psychisch und politisch möglich war, die »große Mutter Erde« – dunkel, feucht und nährend – öffentlich zu verehren. Tief in ihrem Innern tun sie es unter Umständen schon. Eine solche Verehrung, selbst wenn sie unbewußt geschieht, wirkt sich letztendlich auch auf das Bewußtsein aus. Nach außen hin zeigt sie sich vielleicht in einer gesünderen Ernährungs- und Lebensweise, in ökologischem Bewußtsein, in einem wachsenden Respekt für die Volksweisheit der Entwicklungsländer und dergleichen. Der Gezeitenwechsel ist in vollem Gang, doch Mutter Erde wird dem müden Schwimmer beistehen.

John Allegro soll das vorletzte Wort haben:

> Trotz unserer zu Recht hochgeschätzten Rationalität bietet die Religion dem Menschen anscheinend noch immer die beste Hilfe zum Überleben an ... Es muß ein Glaube sein, der mehr bietet als die formelle Bejahung einer Reihe äußerst spekulativer Dogmen ... Sie muß ihren Anhängern eine lebendige Beziehung versprechen, die die individuellen Bedürfnisse des Menschen innerhalb der formalen Struktur einer gemeinsamen Gottesverehrung befriedigt. Sie muß auf die Gefühle eingehen, ohne die geistige Integrität des Gläubigen zu verletzen ... Historisch betrachtet, hat der Kult der Erdmutter diese Rolle wohl am besten erfüllt, und aufgrund seiner sexuellen Grundtendenz hat er sich speziell mit diesem Element ... in der biologischen Konstitution des Menschen beschäftigt. Unsere derzeitige Sorge um die Aufrechterhaltung des ökologischen Gleichgewichts

zeigt vielleicht, daß wir einer Rückkehr der alten Naturreligion entgegengehen.[3]

Es kann aber auch sein, daß wir dem Taoismus entgegengehen, von dem wir etliche Ansichten und Techniken lernen können, die Sexualität, eine naturverbundene Lebensform, geistige Integrität und Rationalität, im Grunde genommen die Gesamtheit der »zehntausend Dinge« in ein harmonisches Gleichgewicht zu bringen. In einer dieser Techniken geht es um die Erleuchtung, um die Autonomie des einzelnen, seine Identität, von der das folgende Kapitel handelt.

KAPITEL 3

Der Weise

Zu viele Menschen leben in »stiller Verzweiflung« vor sich hin. Das muß nicht sein und sollte auch nicht sein, denn jeder hat das Recht und die Fähigkeit, ein harmonisches und glückliches Leben zu führen.

Die meisten Männer und Frauen von heute sind nicht auf Dauer glücklich. Das liegt darin begründet, daß sie ihre Identität mit der äußeren Welt des Vergänglichen verknüpft sehen – mit der Welt der zehntausend Dinge, wie die Taoisten die Welt der Erscheinungen bezeichnen. Die Konsumgesellschaft verstärkt diese unglückselige Tendenz, indem sie immer mehr Konsumgüter zum Kauf anbietet und Mittel und Wege findet, ein quälendes Gefühl des Unbehagens und der Unsicherheit zu erzeugen, das erst mit dem Erwerb der Waren verschwindet. All das ist wieder und wieder belegt worden und die Folgen davon – Entfremdung, Konsumterror, Sensationslust usw. – sind hinlänglich bekannt, und trotzdem geht die wilde Jagd immer weiter im Kreis herum.

Dieses Kapitel stützt sich im wesentlichen auf das *Tao-te-ching* von Lao-tzu. Dieser alte chinesische Klassiker ist die Quintessenz der Weisheit des Lao-tzu in 5000 Worten. Lao-tzu lebte sehr zurückgezogen und wenig mehr ist von ihm bekannt, als daß er der Verfasser dieses meisterhaften Buches ist, das voller rätselhafter Weisheit steckt. Damit wurde Lao-tzu der Gründungsvater der taoistischen Philosophie. Das Tao-te-ching, grob übersetzt: das »Buch vom Tao«, erhebt den Anspruch, dem Leser zu helfen, den Lebensweg glücklich, und das heißt bedächtig, zu beschreiten. Insofern ist es ein Handbuch für all jene, die ein Leben als glücklichere, selbstverwirklichte und autonome Menschen – eben als Weise – anstreben.

Im 44. Kapitel des Tao-te-ching heißt es: »Wer am meisten liebt, gibt am meisten aus, wer viel anhäuft, verliert viel.« Diese übermäßige Liebe zu den Dingen ist also keineswegs ein Phänomen der heutigen Zeit, sondern scheint eine dem Menschen angeborene Neigung zu sein, die in unserer Epoche ins Extrem abgeglitten ist.

Sie ist uns jedoch nicht angeboren. Die Menschheit ist vielmehr entwicklungsfähig. Selbst zum heutigen Zeitpunkt sind einzelne in der Lage, einen Zustand zu erreichen, der dem des heiteren taoistischen Weisen entspricht.

Dazu bedarf es jedoch eines umsichtigen Verhaltens, denn einem Grundlehrsatz der Taoisten zufolge muß jede übermäßige Anstrengung vermieden werden. Viele Übel der heutigen Zeit basieren darauf, daß wir uns ständig verzetteln. Lao-tzu empfahl, spontan zu handeln, ungezwungen und ohne abzuschweifen. Im Kapitel 29 sagt er: »... die Welt ist Gottes eigenes Gefäß; es kann (durch menschliches Eingreifen) nicht gemacht werden. Wer es macht, verdirbt es. Wer es festhält, verliert es.«

Nach diesen Worten wollen wir uns einmal fragen, was denn die moderne Psychologie über den Typus des Weisen zu sagen weiß, und zu diesem Zweck wenden wir uns Abraham Maslows Studie über das selbstverwirklichte, »autonome Individuum« zu.

Moderne Psychologie

Seitens der Psychologen hat es immer wieder Versuche gegeben, die Intelligenz und die Kreativität zu steigern, doch nie einen Versuch, die Weisheit zu steigern, von

Maslow einmal abgesehen. Auch er hatte allerdings Schwierigkeiten, geeignete Menschentypen für seine Forschungen zu finden, und sagte:

> Wollen wir die Frage beantworten, welche Körperlänge der Mensch maximal erreichen kann, dann empfiehlt es sich, jene Menschen herauszugreifen, die bereits eine stattliche Größe haben, und diese zu studieren. Wollen wir wissen, wie schnell ein Mensch laufen kann, dann hat es keinen Zweck, die Durchschnittsgeschwindigkeit eines »repräsentativen Querschnitts der Bevölkerung« zu ermitteln. Es ist weitaus besser, Goldmedaillengewinner der Olympiade zu untersuchen ... Die Möglichkeiten, die einem Menschen letztendlich offenstehen, sind praktisch immer unterschätzt worden. Selbst wenn »beispielhafte Exemplare der Gattung Mensch« – Heilige, Weise und große Führer der Geschichte – für Forschungszwecke zur Verfügung standen, war man immer wieder versucht, diese nicht als gewöhnliche Menschen, sondern als übernatürliche Wesen zu betrachten.[4]

Dem kann ich nur zustimmen. Weise und andere herausragende Persönlichkeiten wurden in den seltensten Fällen als Vorbilder gesehen, von denen man erwartete, daß jeder sie einfach kopieren konnte. Man braucht sich nur die weltfernen Bilder anzusehen, die die meisten Menschen von Jesus, Therese von Avila, Tara und Buddha – allesamt Menschen – haben, um zu erkennen, wie wahr dies ist. Hingegen ist es bezeichnend, daß weise Männer wie Lao-tzu und Chuang-tzu von den gewöhnlichen Sterblichen nicht so oft mit übernatürlichen Attributen bedacht, sondern eher als überaus menschlich geschildert werden. Das liegt vielleicht darin begründet, daß sie sich mehr um die alltäglichen Angelegenheiten der Menschen von Fleisch und Blut kümmerten und anscheinend keine unmöglichen Verhaltensvorschriften und Sittenlehren aufstellten.

Nach Abraham Maslow hat ein jeder von uns Bedürfnisse, die befriedigt werden wollen, und diese Bedürfnisse unterliegen einer Rangordnung. Auf der untersten Ebene dieser Rangordnung stehen die grundlegenden körperlichen Bedürfnisse, die befriedigt werden müssen, bevor der Mensch die Stufe einer tierähnlichen Existenz überschreiten kann. Zu solchen primären Bedürfnissen zählen Hunger, Schutz, Sex und Wärme. Die Befriedigung dieser niederen und auch der höheren Bedürfnisse impliziert die Überwindung von triebhaftem Verhalten bei der angestrebten Befriedigung, impliziert weiterhin eine bewußte Kontrolle und das Entdecken alternativer Möglichkeiten, um das Bedürfnis einzuschränken. Die nächsthöhere Ebene in dieser Rangordnung ist das Bedürfnis nach Zugehörigkeit, Zuneigung und Liebe. Es folgt das Bedürfnis nach Anerkennung, Selbstachtung, persönlichem Erfolg usw. Mit jeder Ebene entfernen wir uns weiter vom Tier, und jede einzelne Ebene muß erst transzendiert werden, bevor wir an eine Befriedigung auf der nächsthöheren Ebene denken können. Ganz zuletzt erreichen wir laut Maslow den Zustand vollkommener Selbstverwirklichung und werden zu einem »vollen«, ganzen Menschen. Während der gewöhnliche Mensch sich mit der unbewußten, planlosen Befriedigung seiner Bedürfnisse zufriedengibt, ergreift der wahrhaft autonome Mensch Maßnahmen, um solche Bedürfnisse durch eine bewußte Veränderung seines persönlichen Wertesystems zu verringern. Diese Werte sind eher allgemeingültig als kulturgebunden.

Was aber heißt autonom? Es bedeutet, sein Leben selbst in die Hand zu nehmen; frei zu sein von dem Anspruch, der beinah einem unwiderstehlichen inneren Befehl gleichkommt, immer den Wünschen der anderen und den Erwartungen der Gesellschaft zu entsprechen. Laut Margaret Smith sind wahrhaft autonome Menschen stets hellwach und aufgeschlossen für alles, was um sie herum passiert, und sie kennen ihre eigenen Interessen und Vorlieben sehr genau. Sie schreibt dazu:

> Kinder liefern uns ein treffendes Beispiel für autonomes Verhalten. Obwohl die meisten Kinder durch den kulturellen Rahmen, den wir ihnen aufzwingen, stark unterdrückt werden, steht das Kleinkind, sofern es nicht allzu sehr überhäuft wird mit Verboten, seinem eigenen Tun relativ aufgeschlossen gegenüber und ist sehr daran interessiert, mit uns darüber zu kommunizieren. Auf Fragen nach seinen Bedürfnissen und Vorlieben reagiert es ohne Umschweife. Es beruft sich darauf, daß es seine Bedürfnisse *selbst am besten kennt* und antwortet dementsprechend offen und ehrlich.[5]

Im weiteren Verlauf dieses Kapitels werden wir sehen, inwieweit die sogenannte Erziehung aus den Kindern gesellschaftlich gelenkte und disharmonische Menschen macht, die nicht mehr in der Lage sind, sich spontan, autonom und fröhlich zu äußern.

Nach Maslow gibt es nur wenige autonome Individuen, zu denen er übrigens Martin Luther King zählt. Menschen sind zwar selten Weise, aber wohl doch nicht so selten, wie Maslow meint. Vielleicht machte er – als Psychologe des 20. Jahrhunderts – den Bekanntheitsgrad zum Kriterium der Selbstverwirklichung. Lao-tzu und Chuang-tzu haben aber immer wieder darauf hingewiesen, daß weltlicher Erfolg oder weltweite Berühmtheit möglichst vermieden werden sollen, da diese am Ziel vorbei führen können.

Sie würden heute sagen, Maslow mitsamt der modernen Psychologie hätte das Ziel verfehlt.

Und sie, haben sie ins Schwarze getroffen?

Taoistische Psychologie

Die taoistische Psychologie und die Hauptrichtungen der modernen Psychologie verfolgen eigentlich dasselbe Ziel: Das Individuum soll frei werden von triebhaftem und fremdbestimmtem Verhalten. Gewöhnliche, kulturgebundene Werte sollen aufgegeben werden. Auch der Weise lebt in der Welt, wie sie ist, aber er kollaboriert nicht mit ihr.

Angesichts der Komplexität des Lebens kann ein Lebensreiseführer nie klar und einfach sein. Das klassische Handbuch, das *Tao-te-ching,* macht da sicherlich keine Ausnahme. Wie sein ebenso bedeutsames Gegenstück, das *I-ching,* ist es in poetisch-enigmatischer Sprache abgefaßt und läßt, besonders im chinesischen Original, bei der Übersetzung eine Fülle von Interpretationsmöglichkeiten zu. Nicht anders sollte es sein. Die Menschen haben Verstand, und bei der Aufrechterhaltung des harmonischen Gleichgewichts kommt es zum Teil darauf an, daß sie ihren Verstand einsetzen, um das Leben selbst zu interpretieren. »Lebensqualität« ebenso wie die Erleuchtung kann eben nur durch eigene Anstrengung erfahren werden. Sie kann nicht direkt vermittelt werden, sondern nur durch beispielhaftes Verhalten, durch die geheimnisvollen Worte eines Orakels oder dadurch, daß der Buddha wortlos einem seiner Jünger eine Rose schenkt.

So lesen wir zum Beispiel im 52. Kapitel des Tao-te-ching: »... Haltet euch an die *Mutter...* schließet die Öffnungen des Lebens, macht zu seine Pforten, und das Leben ist mühelos.«

Was heißt das? Unsere Unersättlichkeit beim Anhäufen von materiellen Dingen und beim Geschäftemachen läßt sich mit Sicherheit darauf zurückführen, daß die Wahrnehmungspforten ständig offenstehen. »Sich an die Mutter halten« ist ein deutlicher Hinweis darauf, sich eine natürliche Einfachheit, die Kindlichkeit, zu bewahren und offen zu sein für das Yin.

Im 22. Kapitel wird es noch deutlicher gesagt:

Nachgeben, heißt ganz bleiben.
Gebeugt sein, heißt gerade werden.
Hohl sein, heißt voll werden.
Zerfetzt sein, heißt erneuert werden...
Eben weil der Weise nicht strebt,
kann niemand auf der Welt gegen ihn streben.

Wer frei ist von Begierden, sei es durch einen glücklichen Zufall oder durch Selbstdisziplin, der kann sich in Maslows Rangordnung der Bedürfnisse höherentwickeln.

Chuang-tzu bekräftigt die Aussage dieses Kapitels durch die Geschichte vom unnützen Baum, dessen Stamm so knorrig und verwachsen war, daß kein Zimmermann sich für ihn interessierte. Welche psychologischen Methoden benutzen die Taoisten, um diesen ungewöhnlichen Geisteszustand zu erreichen?

Taoistische Praktiken

Im 8. Kapitel des Tao-te-ching heißt es:

Das Beste der Menschen ist wie Wasser;
Wasser nützt allen Dingen
und wetteifert nicht mit ihnen.
Es verweilt an (niederen) Orten, die alle verachten –
darin kommt es dem Tao nahe.

Chuang-tzu, der allzeit ausgeglichene taoistische Philosoph, beschreibt, wie der Holzschnitzer Khiang einen Glockenständer schnitzte und wie alle Leute, die das fertige Stück sahen, es als göttliches Werk bestaunten. Nach seinem Geheimnis befragt, erzählte der Holzschnitzer, daß er gefastet und meditiert habe und sich gehütet habe, seine Lebenskraft in anderen Gedanken zu verzehren. Er dachte nicht mehr an Erfolg, vergaß seinen Leib und alle Glieder und dachte nicht mehr an den Hof, wo man auf die Fertigstellung des Glockenständers wartete. So ward er gesammelt in seiner Kunst, alle Betörungen der Außenwelt waren verschwunden, und er dachte nur noch an das Holz, das er für sein Werk brauchte. Dann beschreibt Chuang-tzu, wie der Mann in den Wald ging, um den rechten Baum zu suchen. Als er ihn sah, da stand der fertige Glockenständer in Gedanken schon fertig vor ihm, und er brauchte nur noch Hand anzulegen. »Weil ich so meine Natur mit der Natur des Materials zusammenwirken ließ, deshalb halten die Leute es für ein göttliches Werk.«

Diese Arbeitsweise unterscheidet sich grundlegend von der unserer heutigen Möbelhersteller, die Polstermöbel mit giftigem Schaumstoff ausstopfen, und nichts als ihren Profit im Sinn haben.

Chuang-tzu berichtet in ähnlicher Weise über einen Koch am Fürstenhof, der sein Messer nur einmal in vierzig Jahren schärfen mußte, weil er beim Zerlegen eines Rindes so geschickt vorging, daß er immer nur die Zwischenräume der Gelenke traf.

Die beiden Männer in diesen Beispielen kannten keine Schwierigkeiten in ihrer Arbeit. Ihnen beiden ist eine Unschuld zu eigen, die aber keineswegs naiv ist. Es ist eine erworbene Unschuld, das Ergebnis langen Übens und gewissenhaften Arbeitens. Im Einklang hiermit steht der berühmte Ausspruch des Ch'ing-Yüan: »Bevor ich Zen dreißig Jahre lang studiert hatte, sah ich Berge als Berge. Als ich zu einem tieferen Wissen gelangte, kam ich an den Punkt, wo ich sah, daß Berge keine Berge waren. Jetzt aber, wo ich das Innerste des Zen begriffen habe, habe ich Ruhe. Einzig deshalb, weil ich Berge erneut als Berge sehe.« Der Holzschnitzer und der Koch waren auf ihre Art beide Weise und hatten das letzte Stadium erlangt, in dem sie »Berge wieder als Berge sahen«. Würde man ihr Können, ganz zu schweigen von dem Weg dorthin, in den Schulen von heute irgendwo auf dieser Welt entsprechend würdigen? Nur was sich streng wissenschaftlich zählen und messen läßt, gilt etwas an unseren Schulen.

Moderne Praktiken

Chuang-tzu vergleicht solche klarsichtigen Menschen wie den Holzschnitzer und den Koch mit den gewöhnlicheren Menschen, und was er sagt, das trifft auch heute noch zu: »Wenn ein Experte nicht irgendein Problem hat, das ihn quält, ist er unglücklich. Er fühlt sich überflüssig und sucht nach einer Möglichkeit, sein Können zu demonstrieren ... Bringt es zu etwas!« ermahnt uns Chuang-tzu ironisch. »Erzielt Erfolge! Verdient Geld! Macht euch beliebt! Verändert euch! Oder ihr sterbt vor Verzweiflung!«[6]

Und Chuang-tzu kannte unser modernes Erziehungs- und Bildungssystem noch nicht einmal!

Früher gingen die Menschen bei einem Meister in die Lehre; ihr Lernen war so selbstverständlich wie das von Enten, die schwimmen lernen, oder wie das Lernen eines dreijährigen Kindes, das spielt. Dreijährige, die »die Berge das erste Mal sehen«, legen wie Meister Khiang eine völlige Versunkenheit an den Tag und konzentrieren sich ganz auf ihre momentane Beschäftigung. Was um sie herum passiert, interessiert sie herzlich wenig, ihr Lernprozeß ist vergleichbar mit der Osmose. Alles, was die Kinder in ihrer Umwelt und für ihre Entwicklung tun müssen, lernen sie ohne Streß und Anstrengung. Es ist anzunehmen, daß es bei den vorindustriellen Menschen ähnlich war.

Wir jedoch leben in der postindustriellen Zeit. Das Erziehungs- und Bildungswesen hat sich fast überall in der modernen Welt in der falschen Richtung weiterentwikkelt. Den Kindern der industriellen und postindustriellen Zeit wurde die naive Unschuld ausgetrieben, und nur wenige von ihnen erlangen im Erwachsenenalter die erworbene Unschuld des echten Könners.

Fließbandmethoden haben auch auf das Schulsystem übergegriffen. Was dabei herauskommt, ist passives Lernen nach dem Muster »Steckt den Kopf in die Bücher und bleibt solange still sitzen, bis ihr es kapiert habt«. Es taugt nichts, weil es dem natürlichen Kind gegen den Strich geht. Unter den modernen Erziehungswissenschaftlern gibt es nur wenige, die sich diesem Trend widersetzen. Einer davon ist Paulo Freire, der in seinem Buch *Pädagogik der Unterdrückten* die neuzeitlichen Methoden beschreibt, die aus den Schülern »Container« machen, »Behälter«, die vom Lehrer »gefüllt« werden müssen. »Je vollständiger er die Behälter füllt, ein desto besserer Lehrer ist er. Je williger die Behälter es zulassen, daß sie gefüllt werden, um so bessere Schüler sind sie.«[7]

Dieser unorganische Unterricht (der nichts mehr mit Erziehung und Bildung zu tun hat) ist widersinnig in doppelter Hinsicht, nicht etwa, weil er seine – begrenzten – Ziele verfehlt, sondern weil er eine Geisteshaltung hervorbringt, die der Erziehung und Bildung feindlich gesinnt ist. Außerdem führt er zu einer Entfremdung, die die kunstfertigen Meister früherer Zeiten nicht kannten. Sie waren eins mit ihrer Umwelt – verbunden durch den schöpferischen Aspekt. Die Kinder von heute lernen, die Außenwelt als etwas zu betrachten, das sie sich aneignen oder einverleiben müssen, nicht als etwas, das ein Teil von ihnen ist. Wie sollten sie denn sonst zu guten Mitgliedern der Konsumgesellschaft werden?

Wirkliches Lernen schließt eine kreative und spielerische Beziehung ein: Die Außenwelt und die Innenwelt sind dabei im Einklang. Die Harmonie bleibt auch nach der Schulzeit bestehen, so daß die Menschen zu Meistern wie Khiang heranreifen können.

Früher, vor noch gar nicht allzu langer Zeit, konnte ein Junge oder ein Mädchen noch am Flußufer oder draußen auf einer Treppenstufe sitzen und träumen. Heute wird das Leben vom »harten Alltag« und von der »rauhen Wirklichkeit« bestimmt, in der kein Augenblick zu verschwenden ist. Mittlerweile ist es für ein Kind auch recht gefährlich, allein an einem Fluß oder an einer Straßenekke zu hocken, denn Vergewaltigung und Mord lauern überall. Kein Wunder bei der entarteten Denkweise der Konsumenten, die immer noch mehr haben wollen und nicht zufrieden sind, wenn sie es nicht kriegen. So und nicht anders sehen die konkreten Auswirkungen des derzeit praktizierten Schulunterrichts aus.

Im 27. Kapitel des Tao-te-ching heißt es:

> Wer weder seinen Lehrer schätzt noch die Belehrung liebt,
> ist weit in die Irre gegangen, obwohl er gelehrt sein mag.

Es ist nicht möglich, ein Lehrer zu sein und den Lehrberuf nur halbherzig auszuüben, denn Lehren ist im wahrsten Sinne des Wortes eine Berufung. Heutzutage wird das Unterrichten als ein Job wie jeder andere aufgefaßt, und nur den wenigsten Lehrern und Lehrerinnen wird der schuldige Respekt gezollt.

Auch das Interesse für die Schüler ist äußerst gering. Je älter die Kinder, um so gründlicher werden sie in die Konsumgesellschaft eingeführt, und um so mehr werden sie der Weisheit, dem Lernen und der Schule entfremdet. Und keiner kümmert sich darum.

Leider ist es so, daß die Kinder immer weniger Anteilnahme erfahren, es sei denn, sie haben das Glück, ein wirklich gutes Elternhaus zu haben oder auf einen wahren Lehrer zu treffen. Im großen und ganzen werden aber schon die kleinsten Kinder zu Konsumenten erzogen und bald in die Verhaltensweisen der sofortigen Bedürfnisbefriedigung eingeweiht. Schulen sind Orte, an denen der künftige Bürger darauf vorbereitet wird, seinen Platz in der vorherrschenden Kultur einzunehmen. Autonomie ist nicht gefragt und wird dementsprechend auch nicht gefördert.

Im 48. Kapitel des Tao-te-ching heißt es:

> Wer dem Wissen nachgeht, (strebt danach) Tag um Tag zu lernen.
> Wer dem Tao nachgeht, (strebt danach) Tag um Tag zu verlieren.
> Durch ständiges Verlieren gelangt man zum Nichttun,
> durch Nichttun wird alles getan.

Davon zeugt das Werk des Meisters Khiang. Heute hingegen ist es so, daß die Menschen von der Wiege bis zur Bahre nur geschätzt werden, wenn sie sich etwas aneignen, seien es nun Güter oder Informationen. Doch was nützt aller Besitz, wenn der Besitzer nicht weise ist? »Was hülfe es dem Menschen, wenn er die ganze Welt gewönne und nähme doch Schaden an seiner Seele?« (Matthäus 16:26) »Bringt es zu etwas! Verdient Geld! Oder ihr sterbt vor Verzweiflung!«

Die Menschen sehen in ihren Mitmenschen die unsterbliche Seele nicht mehr – woher auch, wenn Gott doch tot ist? Da sie keinerlei tiefere Gemeinsamkeit mehr spüren, darf es uns verwundern, daß sie dort draußen in der verwirrenden Phantasiewelt lediglich zu Objekten der Begierde und deren Befriedigung werden.

Wenn die Welt nicht mehr von Menschen, die mir gleichen, bevölkert ist, sondern von den Projektionen meiner eigenen Wünsche – die sich im übrigen kaum von den Bildern unterscheiden, die über den Fernsehbildschirm flimmern – dann ist schnell die Hölle los. Dann kann alles zu einem Objekt der Begierde werden, und da solche Objekte nur dazu da sind, die Begierde zu erfüllen, kann ich andere mißachten in ihrer Menschlichkeit und brauche sie nur zu achten, wenn sie mir bei der Befriedigung meiner eigenen Wünsche nützlich sind. Sie sind Objekte, keine Subjekte, und ich stehe ganz allein in meiner Wunschwelt, bin aber selbst auch ein Objekt für andere subjektive Wesen. Deshalb fürchte ich mich vor ihnen und vor dem, was sie mir mit ihren Begierden antun können. So kommt es, daß ein entpersönlichtes Objekt den anderen feindlich gegenübersteht, und die natürlichen Kräfte können sich nicht mehr frei entfalten.

Zusammenfassung

»Jeder andere hat mehr als genug.« Wie soll man es anstellen, das bedrohliche Ungleichgewicht zu vermeiden, wenn doch die eigenen Nachbarn und die ganze übrige Welt allem Anschein nach nur danach trachten, Reichtümer anzuhäufen? Wie kann man da zufrieden sein? Wie schafft man es, den Entwicklungsstand eines demütigen Meisters Khiang zu erreichen?

Im vorigen Kapitel haben wir mit einiger Skepsis den religiösen Weg betrachtet. In diesem Kapitel haben wir zwei andere Wege untersucht: einen alten und einen modernen.

Sie unterscheiden sich darin, daß es bei dem modernen

Weg – verkürzt dargestellt anhand von Maslows Psychologie – im wesentlichen um die Vergegenständlichung des Menschen geht, wobei er zu einem Studienobjekt wird und das Individuum in einer – ansonsten ehrenwerten – Studie über autonomes Verhalten im allgemeinen ganz untergeht. Demgegenüber befaßt sich der Taoismus mit einzelnen Individuen und ihrer persönlichen, subjektiven Suche nach Autonomie, Weisheit und langfristigem Glück.

Der taoistische Weise, ob Holzschnitzer oder Programmierer, versucht also, in Harmonie mit den Naturgesetzen zu arbeiten, und ihnen widmet er seine ganze Aufmerksamkeit.

Ziel dieser sanften Disziplin ist die Rückkehr in den Zustand des »unbehauenen Klotzes«, und dazu ist es vor allem nötig, ein Meister der Stille zu werden und Spontaneität des Handels zu erlernen, wenn Handeln erforderlich ist. »In der Ruhe teilt der Weise die Passivität des Yin, in der Bewegung die Aktivität des Yang.« Bevor jedoch ein solcher Weg beschritten werden kann, müssen die niederen Bedürfnisse in Maslows Rangordnung erst befriedigt sein.

Was in theistischen Religionen die mühsame Verpflichtung ist, sich dem Willen Gottes entsprechend zu verhalten (und wenn Gott tot ist, entfällt auch die Verpflichtung), ist im Taoismus eine natürliche Kooperation mit der harmonischen Natur des Universums. Der Weise fragt nicht, ob sein Verhalten sündhaft oder tugendhaft ist. Wenn er überhaupt darüber nachdenkt, dann sieht er Sünde als Unwissenheit oder Geisteskrankheit an, denn er weiß, daß das Übertreten der Naturgesetze unweigerlich bestraft wird. Der reine Taoismus kümmert sich nicht um Moral oder religiöse Praktiken, um Glaubensbekenntnisse oder Dogmen. Lao-tzu und Chuang-tzu mißbilligten auch Einsiedeleien und Mönchsorden, wie sie im späteren Taoismus entstanden. Ihrer Meinung nach sollten die Weisen hinausgehen in die Welt und, ohne einzugreifen, ihre Ideale stets aufrechterhalten und sie den Mitmenschen zugänglich machen.

Reiner Taoismus ist keine Religion. Dementsprechend ist es auch nicht das Ziel des Tao-te-ching, den Weg zu einem zukünftigen Himmel zu weisen, und nur in einem einzigen Kapitel verweist Lao-tzu auf ein vergangenes Goldenes Zeitalter. Das Buch ist vielmehr ein aktueller Leitfaden für Glück und Selbstverwirklichung, ein Handbuch, das dazu dienen soll, alle Klippen im Ozean dieses gegenwärtigen Lebens mit Gelassenheit zu umschiffen. Darin unterscheidet es sich von jenen religiösen Büchern, die auf eine vollkommene Glückseligkeit nach dem Tode hinweisen. Wenn überhaupt eine Religion zum Vergleich herangezogen werden kann, dann ist es der Buddhismus mit seiner Lehre vom »Weg der Mitte«, den es in diesem – und in unzähligen anderen – Leben zu befolgen gilt.

Doch im Gegensatz zum Buddhismus mit all seiner Strenge und seinem Hang zum Pessimismus beschäftigt sich der Taoismus nicht mit unzähligen zukünftigen Leben, sondern vielmehr mit diesem einen Leben und mit dessen Vervollkommnung. Dabei soll die jetzige Lebensspanne bis zur Unsterblichkeit in diesem Leben ausgedehnt werden.

Unsterblichkeit ist ein vielbenutzter und oft mißverstandener Begriff. Dabei erscheint mir folgendes recht klar: Wir alle sind jetzt, in diesem Augenblick, im Besitz der Unsterblichkeit. Ich werde den Tod nie erleben. Wenn der Tod die absolute Bewußtlosigkeit ist, werde ich ihn nie bewußt erleben; wenn er nicht die Bewußtlosigkeit ist, geht das Leben also weiter, und wieder kann ich keinen Tod erleben. Diese Erkenntnis kommt einer Art Erleuchtung gleich, ist aber kein Grund, sich aufzuregen.

Worin besteht ein gutes Leben? Mit Sicherheit gehört dazu die Fähigkeit, in Harmonie und Autonomie mit seinem Nachbarn, mit der Natur, mit sich selbst – und mit seinen Neurosen – zu leben.

Wo andere Menschen ganz Yang oder ganz Yin sind, strebt der Weise ein harmonisches Gleichgewicht an. Im 42. Kapitel des Tao-te-ching und wie bereits vorne zitiert heißt es dazu: »Das geschaffene All trägt am Rücken das Yin und vorne das Yang; durch die Vereinigung dieser alldurchdringenden Prinzipien erlangt es den Einklang.«

Ziel ist die Autonomie, das heißt, die Fähigkeit, sein Leben und seine Begierden unter Kontrolle zu bringen und trotzdem in Einklang mit seinen Nachbarn nah und fern – ob Mensch oder Tier – zu leben. Autonomie bedeutet Freiheit von der Diktatur des Kollektivismus und Freiheit zur Selbstbestimmung statt zur Fremdbestimmung. Nur wenn diese Freiheiten stärker als bisher von den Menschen erlangt und genutzt werden, kann auch eine allgemeine Wende unserer heutigen Situation eintreten, in der Hunger und Armut das Los von immer mehr Menschen ist, jenen unseren Mitmenschen, denen die Befriedigung der grundlegendsten Bedürfnisse in Maslows Rangordnung versagt bleibt.

Von dieser Wende handelt das nun folgende Kapitel.

KAPITEL 4

Die Ehrung der Wasserdrachen

In der Gaia-Hypothese stellt James Lovelock die These auf, daß die Erde ein lebender Organismus ist, der durch eine gesunde Biosphäre am Leben erhalten wird. Leben in der Form von lebenden Organismen, so behauptet er, erhält die Erde am Leben, und nicht umgekehrt. Im Schutz der Tier- und Pflanzenwelt zeigt sich die Achtung vor der Erde. »Wenn man die Erde als lebenden Organismus ansieht, nimmt auch das Konzept der Fürsorge für sie greifbare Gestalt an, so daß wir Herz und Verstand auf die wichtigsten ökologischen Fragen richten können.«[8]

Taoisten gehen noch einen Schritt weiter. Sie glauben, daß die Erde, der Kosmos und die gesamte Schöpfung aus dem Tao hervorgehen, dem Urgrund allen Seins. Das Tao manifestiert sich als Energie, als die Lebenskraft *Ch'i.* Dieses Ch'i fließt in den Akupunkturmeridianen des Menschen und in den »Drachenadern« der Erde. Doch nicht nur die Erde und ihre Bewohner, auch das gesamte Universum ist ein lebender, atmender Organismus. In einem späteren Kapitel werden wir sehen, inwieweit unser körperliches Wohlbefinden von der Ausgewogenheit des körperlichen Ch'i abhängt. In diesem Kapitel erfahren wir, daß unser Platz auf Erden davon abhängt, daß die irdischen und himmlischen Ch'i-Ströme in Harmonie und Ausgewogenheit gehalten werden. Als bewußte Wesen tragen wir dafür eine Verantwortung.

In diesem Kapitel werden die Bereiche aufgezeigt, in

denen wir unsere Aufgabe als Hüter der Erde nicht erfüllen, und Möglichkeiten genannt, wie man die heutigen Probleme mit Hilfe des Taoismus besser in den Griff bekommt.

Das Problem

Im Taoismus ist gelegentlich die Rede von einem Goldenen Zeitalter, so auch im vorletzten Kapitel des Tao-te-ching:

> (Schaffet) ein kleines Land mit geringer Volkszahl,
> wo das Angebot an Gütern den Verbrauch zehn- oder hundertfach übersteigt.
> Laßt die Leute ihr Leben werthalten
> und nicht in die Ferne fortwandern.
> [Wie ernst nehmen wir die Statistiken über die Verkehrstoten?]
> Obwohl es Schiffe und Wagen gibt,
> sei niemand, der in ihnen fährt.
> Obwohl es Panzer und Waffen gibt,
> sei keine Gelegenheit, sie zu entfalten.
> Laßt die Leute wiederum Rechenknoten knüpfen [anstatt zu schreiben],
> laßt sie sich an Speisen erfreuen,
> ihre Kleidung verschönern,
> in ihrem Heim zufrieden,
> in ihrem Brauchtum glücklich sein.
> Nachbarländer liegen in Sehweite,
> so daß sie das Hundegebell und Hahnenkrähen
> der Nachbarn hören können.
> Und die Leute sollen bis an ihr Lebensende
> nie außer Land gewesen sein.

Dynamisches Ungleichgewicht

Lao-tzu stellt das kleine Utopia so anschaulich und ansprechend dar, daß man an das Leben der Einsiedler denken muß, auf die John Blofeld viele Jahrhunderte später traf und die er in seinem Buch *Taoismus oder Die Suche nach Unsterblichkeit* so treffend beschrieb:

> Jede Menge wahllos genannter Beispiele könnte herangezogenwerden, um das chinesische Empfinden für Naturschönheit anschaulich zu vermitteln; aber der umfassendste Ausdruck dieser Verehrung wurde auf den Hängen der heiligen Berge sichtbar, an die sich taoistische Einsiedeleien schmiegten. Diese lagen im allgemeinen in tiefer Bergeinsamkeit und waren wegen der großen Entfernung von Straßen und Eisenbahnen nur mühsam zu erreichen. Die Mehrzahl der Einsiedeleien bestand schon lange nicht mehr nur aus einfachen Hütten ... In allen Fällen hatte man die Klausen in Übereinstimmung mit der heiligen Wissenschaft des *Feng-shui* (Wind und Wasser, Geomantie) angelegt ... In ihrer Nachbarschaft hingen Mondbeobachtungspavillons über tiefen Schluchten, die von schillernden Wolken aus Sprühnebel erfüllt waren und aus denen das gedämpfte Donnern der tief unten hinabstürzenden Bäche widerhallte?[9]

Wie jedes Utopia so scheint auch das des Lao-tzu unerreichbar, und man könnte glauben, dieses Kapitel sei nur deshalb geschrieben, um dem Leser einen Seufzer zu entlocken und ihm die traurige Erkenntnis zu vermitteln, daß ein solcher Idealstaat, selbst wenn er existierte, sehr bald gierigen Nachbarn zum Opfer fallen würde. Chuang-tzu liefert eine treffliche Beschreibung?[10]

Wir leben derzeit auf einem Planeten und in einem Zeitalter, in dem aggressive Yang-Kräfte vorherrschen, denen nur geringe Yin-Kräfte entgegenwirken. Worte wie

Profit, Wegwerfgesellschaft, Agrarindustrie und dergleichen fallen einem dazu ein: alles Auswirkungen des vorwärts drängenden Yang.

Der Idealzustand, wie er von Lao-tzu und John Blofeld dargestellt wird, scheint für uns von nur geringem praktischen Nutzen zu sein, denn wir haben uns zu sehr verstrickt in den Verfall der Städte und Umweltverschmutzung, in Hungersnöte und Spraydosen-Kultur. Und dennoch hat der Taoismus das alles überdauert. Jedes Extrem enthält schon den Keim der entgegengesetzten Kraft in sich (siehe Abbildung 1).

Es gibt auch Keime, die schon weiter entwickelt sind, zum Beispiel, Greenpeace, Robin Wood, die Partei der Grünen. All diese Organisationen sind aus einer Yin-Reaktion auf ein übermächtiges Yang hervorgegangen. Leider sieht es aber oft so aus, daß sie dem nacheifern, wogegen sie opponieren. Bei den meisten dieser Organisationen wird dauernd das Wort »kämpfen« im Munde geführt.

Gestörtes Gleichgewicht auf dem Land

Die Angriffe auf die Umwelt vollziehen sich im ausgehenden 20. Jahrhundert in einem derart rasanten Tempo, daß jeder Bericht darüber schon zum Zeitpunkt seiner Veröffentlichung als überholt anzusehen ist. Als dieses Buch geschrieben wurde, war eine der Hauptsorgen das Ozonloch über der Antarktis. Diese noch örtlich begrenzte Zerstörung der Ozonschicht ist zum Teil auf die Verwendung von Fluorchlorkohlenwassenstoffen (FCKW) in Spraydosen und bei der Produktion von Kunststoffen, Kühlschränken usw. zurückzuführen. Dazu kommt die große Sorge über das gewaltige Ausmaß an Schäden, die durch das Abholzen und Abbrennen der tropischen Regenwälder verursacht werden. Was immer auch die Ursache sein mag, die Wirkung davon ist, daß immer mehr schädliche UV-Strahlen die schützende Ozonschicht der Erdatmosphäre durchdringen können, und das wiederum hat ein verstärktes Auftreten von Hautkrebs, verminderte Ernteerträge, verringerte Fischbestände und klimatische Veränderungen zur Folge.

Die Verkettung aller Kreaturen auf Erden, die in der taoistischen Kosmologie (und in der Gaia-Hypothese) beschrieben ist, wird deutlich, wenn wir uns den Pflanzen und Tieren zuwenden. Daß wir es schaffen, zahllose Pflanzenarten auszurotten, liegt zum einen in der massiven Abholzung der tropischen Regenwälder begründet und zum anderen in der Produktion von saurem Regen, der eine weitere Ursache für die Zerstörung der Wälder und das Fischsterben in biologisch toten Gewässern darstellt. Von der rücksichtslosen Ausrottung ganzer Arten von sichtbaren Tieren und Pflanzen einmal abgesehen, gibt es unzählige mikroskopisch kleine Lebewesen und Pflanzen, die für immer von der Bildfläche verschwinden (nach Auskunft eines Naturschutzverbandes war es im Jahre 1988 eine Art alle halbe Stunde), so daß das ohnehin schon gestörte Gleichgewicht der Natur noch weiter in Mitleidenschaft gezogen wird. So ist zum Beispiel die Rede von einigen mikroskopisch kleinen Meeresalgen, die aller Wahrscheinlichkeit nach von den UV-Strahlen verbrannt werden, die durch die zerstörte Ozonschicht eindringen. Sich selbst überlassen, können diese Pflanzen das Klima über den Meeren dergestalt beeinflussen, daß ihr eigenes Überleben als Art gesichert ist. Wenn sie aber absterben, wird auch das Makroklima (Wolkenbildung, Regenfall und Sonneneinstrahlung) davon berührt werden, und zwangsläufig wird das auch Auswirkungen auf unseren täglichen Komfort haben.

Es liegt allein an uns, Mittel und Wege aus der gegenwärtigen Misere zu finden. Das erfordert aber, daß wir wohl oder übel ein paar materielle Annehmlichkeiten des Lebens aufgeben müssen. Wieder einmal stellt sich die Frage: Besitzen wir die nötige Reife, etwas zu unternehmen, was zwar momentan (geringfügig) zu unserem Nachteil ist, aber letztendlich die Zukunft unserer Kinder sichert? So hat zum Beispiel die hohe Verschuldung des südamerikanischen Staates Brasilien bei den Industrienationen zur rücksichtslosen Abholzung seiner Regenwälder geführt. Solange die Industrienationen nicht bereit sind, zugunsten der ärmeren Länder Verzicht zu üben, besteht wenig Hoffnung auf eine Trendwende.

Die primitiven Jäger und Sammler waren – und sind – immer darauf bedacht, ihre eigenen Bedürfnisse und die ihrer Umwelt in Einklang zu bringen. Viele Jahrhunderte lang blieb die weise Grundeinstellung gewahrt, den Akker schonend zu behandeln und ihm durch den Fruchtwechsel Ruhepausen zu gönnen. Landwirte mit dieser Mentalität bearbeiten ihren Boden noch immer nach diesem alten Grundsatz, aber die dröhnenden Maschinen rücken ständig näher.

Die verheerenden Auswirkungen der Agrarindustrie auf das ökologische Gleichgewicht sind eigentlich hinreichend bekannt, und doch setzt sich Yang ungehindert durch, so daß das Abholzen der Wälder und Hecken, die Überdüngung des Bodens und damit auch die Umweltverschmutzung und die Zerstörung des Ackerlands weiter anhalten. Mit Beginn des Maschinenzeitalters, im Zeichen des Kapitalismus und des Papiergeldes, ging der Kontakt zum Boden gänzlich verloren, zuerst in den Städten, später dann auch auf dem Land. Alles war scheinbar umsonst zu haben, man brauchte es sich nur zu nehmen. Es galt, möglichst schnell einen möglichst großen Profit zu machen, getreu dem Motto »nach uns die Sintflut«!

Gestörtes Gleichgewicht in der Stadt

Die Entfremdung von der Natur ist in den Städten natürlich noch größer als in den ländlichen Gebieten.

Eine Stadt ist wie ein menschlicher Körper. Sie hat ihren eigenen Stoffwechsel. Ist sie übervölkert, ähnelt sie mehr und mehr einer Krebsgeschwulst, deren Zellen sich ungehindert ausbreiten. Die Städteplaner übernehmen dann die Funktion der Antikörper im erkrankten Gewebe und kämpfen auf verlorenem Posten.

Alle Entwicklungsländer bringen große Städte hervor. Die unmittelbare Folge davon ist, daß die Menschen aus den ländlichen Gebieten, auf die das Land als solches angewiesen ist, wie magisch von ihnen angezogen werden, und damit sind die Voraussetzungen für Überbevölkerung, Krankheit, Kindersterblichkeit, Not und Elend geschaffen. Für das kommende Jahrhundert werden Städte mit zwanzig Millionen Einwohnern vorausgesagt, und gleichzeitig wird es immer klarer, daß solche Ballungszentren in keiner Weise die ausreichende Versorgung ihrer Bewohner sicherstellen können. So war zum Beispiel das Kanalisationssystem der 4-Millionen-Stadt Alexandria im Jahre 1988 lediglich für eine Million Menschen vorgesehen. Und doch strömen weiterhin die Wüstennomaden in hellen Scharen herbei.

Feng-Shui

Unterdessen erfreuen sich die taoistischen Weisen an ihren Speisen und an ihrer Kleidung, sind zufrieden in ihrem Heim und glücklich in ihrem Brauchtum.

Die Achtung der Taoisten vor dem dynamischen Gleichgewicht auf dem Land, in der Stadt, im eigenen Heim und in der Psyche zeigt sich besonders eindrucksvoll in der Kunst des *Feng-shui* (wörtlich die »Wissenschaft von Wind und Wasser«).

Bei dieser alten chinesischen Wissenschaft ging es ursprünglich darum, den Standort für die Grabstätten der Toten festzulegen. Der Standort konnte günstig oder ungünstig sein, je nach Beschaffenheit der kosmischen Energie Ch'i zur Zeit der Bestattung. Um sicherzustellen, daß die Grabstätte eine günstige Lage hatte und die Bestattung genau zum passenden Zeitpunkt stattfand, wurden Feng-shui-Gelehrte zu Rate gezogen. Zur Ermittlung der benötigten Daten benutzten sie komplizierte, auf dem Kompaß basierende Instrumente und orientierten sich nach dem 60jährigen Kalender und den Geburtsdaten des Verstorbenen.

Der Ch'i-Fluß im menschlichen Körper und in der Landschaft ließ sich (und läßt sich noch immer) aufspüren und lenken. Langjährige Beobachtungen des menschlichen Körpers führten zur Entdeckung der Akupunkturpunkte, an denen der Energiestrom wirksam und vorhersagbar beeinflußt werden kann. Die Ch'i-Strömungen in der Landschaft waren an der Anordnung von Bergen, Tälern und Wasserläufen zu erkennen.

Letztere galten als die offensichtlichsten Ch'i-Adern. Gerade, schnellfließende Flüsse (die ebenso wie gerade Straßen, Kanäle und Eisenbahntrassen oft als »geheime Pfeile« bezeichnet wurden) wurden vermieden, da sie das Ch'i rasch ableiten (und da Wasser auch das Sinnbild für Geld ist, war das gleich doppelt ungünstig). Günstiger waren langsame, gewundene Wasserläufe, die Ch'i ansammeln, besonders dann, wenn sie einen See bilden.

Die Feng-shui-Gelehrten interessierten sich aber nicht nur für diese »Wasserdrachen«, die in den Flüssen leben und die am Himmel als Wolken erscheinen, sondern auch für die Bergdrachen. In den Formen der Hügel und

Berge suchten sie nach Anhaltspunkten für einen Drachen und für seine Vereinigung mit dem himmlischen Gegenpart, dem weißen Tiger. Der östliche Himmel wurde vom azurblauen Drachen beherrscht, der westliche vom weißen Tiger. Hügelketten, die mit dem Bild einer Paarung von Drachen und Tiger übereinstimmten, waren besonders begehrte Standorte. »... Die größte Erzeugung von Ch'i findet dort statt, wo die Lenden des Drachen und des Tigers im Liebesakt miteinander vereinigt sind.«[11]

Solche Standorte waren selten und blieben den Reichen und Mächtigen vorbehalten. Den Ärmeren konnte nur geraten werden, ein völlig flaches Gelände als Grabstätte zu meiden. Falls es nötig und auch möglich war, konnten Bäume angepflanzt und Wälle aufgeschüttet werden. Vorherrschendes Yin (leicht hügeliges Gelände) wurde mit Yang (stark hervortretenden Erhebungen) so kombiniert, daß die Vereinigung von weiblichen und männlichen Kräften stattfinden konnte.

Da das Wohl der Lebenden ebenfalls in den Einflußbereich der Feng-shui-Gelehrten fiel, waren sie auch sehr gefragt, wenn es um die Standortwahl eines Wohnhauses ging. Aus diesem Grund sind im ländlichen Südchina alle Dörfer und freistehenden Häuser auf der Rückseite durch ein kleines Wäldchen geschützt und haben zumindest einen Teich auf der Vorderseite, wodurch ungünstiges Ch'i ferngehalten wird.

Auch heute sind die Dienste dieser Gelehrten noch stark gefragt bei der Planung und Grundsteinlegung von Bürohäusern und Wohnungen, selbst an Orten wie Hongkong oder wo immer Chinesen sich niederlassen. In den großen chinesischen Banken und Geschäftshäusern hat man stets ein Feng-shui-Gutachten zur Hand, wenn neue Pläne in Angriff genommen werden. Dasselbe gilt auch für den privaten Wohnungsbau.

Nach Ansicht der Feng-shui-Gelehrten gleicht ein Haus oder ein Raum einem Körper und verfügt über einen eigenen Stoffwechsel. Seine Bewohner sind die Organe, die von einem gesunden und harmonischen Ch'i-Fluß genährt werden. Dementsprechend wurden die typischen chinesischen Häuser stets um einen Innenhof gebaut, so daß die Bewohner, ganz gleich, wie weit sie von der freien Natur entfernt waren, nie den Kontakt zum elementaren Universum verloren. Denn jeder Innenhof hatte seinen Garten. Die Räume waren nach innen zum Garten ausgerichtet, so daß sie die Bewohner von der Arbeitswelt abschirmten, um sie dem Ideal der einfachen Natur näherzubringen.

Die Natur wurde also bei der Suche nach einem harmonischen und glücklichen Leben zu Hilfe genommen, und die Natur selbst erinnerte ständig an das zu wahrende Gleichgewicht. Das ständige Zusammenspiel von Yin und Yang war überall sichtbar und rief den Menschen ins Gedächtnis, daß auch sie diesem Wechselspiel unterworfen waren, daß auch sie ein Teil dessen waren, was sie hervorbrachten und an dem sie sich erfreuten. Ohne menschliche Einwirkung hätte der Garten nicht existiert. Ohne den Garten aber wären die Menschen ihrer Wurzeln beraubt, vor allem in den Städten.

Dieses wache Gespür für das dynamische Gleichgewicht und die dementsprechende Achtung davor sind der westlichen Welt fast gänzlich verlorengegangen und auch anderswo nur noch schwach vorhanden. Doch die Zukunft von Gaia hängt ganz wesentlich von der Wiederherstellung dieses Gleichgewichts ab. Das erfordert allerdings ein hohes Maß an Einfallsreichtum.

Eine solch geniale Veranlagung beweisen die chinesischen Traditionalisten in den Städten. Sie sind außerordentlich findig, wenn es darum geht, das Yin-Yang-Bewußtsein im Zusammenhang mit Natur und Gärten nutzbringend anzuwenden. Die Städter sind überall umgeben von »geheimen Pfeilen« in Form von geraden Straßen, Eisenbahnschienen, Telegrafenleitungen und dergleichen mehr. Deshalb sind die Dienste des Feng-shui-Gelehrten bei denen, die es sich leisten können, stark gefragt. Wer die beträchtlichen Honorare nicht bezahlen kann, greift zu Do-it-yourself-Methoden.

Die Möbel werden so gestellt, daß sie den Ch'i-Umlauf in den Räumen nicht behindern. Türen und Fenster sollen die Ch'i-Zirkulation ebenfalls unterstützen. Die Bewohner sollen sich frei von einem Raum zum anderen bewegen können, ohne irgendwo anzuecken. Wenn sie das können, dann kann auch das Ch'i ungehindert fließen. Ch'i wird oft mit einem Tänzer verglichen, und ein Tänzer kann sich nun mal auf einer vollgestellten Bühne nicht richtig bewegen.

In städtischen Gebieten spielen Spiegel, das »Aspirin des Feng-shui«, eine wichtige Rolle. Sie werden dazu benutzt, ungünstiges Ch'i zu reflektieren, es zu seinem Ursprung zurückzuführen. Früher wurden sie vor der Brust oder als Schild getragen und hatten die Funktion eines Talismans. Heutzutage werden sie innerhalb oder außerhalb des Hauses aufgehängt und erfüllen noch immer die gleiche Aufgabe. Man benutzt sie auch, um Türen vorzutäuschen oder um Räume größer erscheinen zu lassen.

In den Gärten, sofern die finanziellen Mittel für eine solche Anlage vorhanden sind, gibt es Steine, Bonsai und natürlich Wasser. Berge, Täler, Flüsse und Seen, alles ist vertreten als Nachbildung der größeren Welt, die außerhalb davon liegt. Vielleicht ist dabei sogar eine Art von primitiver Magie mit im Spiel, bei der über den Mikrokosmos Einfluß auf den Makrokosmos ausgeübt wird. Felssteine und Kiesel werden ebenfalls gesammelt, und am kostbarsten sind jene, in denen sich die natürlichen Erscheinungsformen widerspiegeln. Auf Wasser wird besonders viel Wert gelegt, weil es die Heimat der Wasserdrachen und das Symbol für Reichtum und Wohlstand ist. Fließende und stehende Gewässer symbolisieren Bewegung und Ruhe, und die vom Wasser ausgehöhlten Steine versinnbildlichen die Wechselwirkung von weich und hart. In einem sorgfältig angelegten Garten ist das Zusammenspiel von Yin und Yang überall zu erkennen.

Inwieweit die »starke Hand« der Maschine und das Gewinnstreben die Anwendung dieser alten Wissenschaft behindern werden, ist noch nicht abzusehen. Allem Anschein nach ist sie noch recht lebendig und findet selbst in der nüchternen Geschäftswelt der großen chinesischen Städte großen Anklang. Es ist gut zu wissen, daß auch die Geschäftsleute immer eine Form des dynamischen Gleichgewichts zwischen ihrem hektischen Arbeitsleben und ihrem ruhigeren Privatleben suchen. Hier ist deutlich zu sehen, wie die Wechselwirkung von Yin und Yang abgerundete Menschen hervorbringt, die über eine harmonische Lebensführung nach Glück streben und zugleich die Erde durch ihre Achtung vor dem Leben und der kosmischen Energie Ch'i erhalten.

Wir, die wir inmitten dieser Welt leben, können uns nur schwer vorstellen, daß Mechanisierung, Konsumterror, Agrarindustrie und dergleichen erdgeschichtlich betrachtet erst seit einer Mikrosekunde existieren und daß diese Phänomene auch in der dokumentierten Menschheitsgeschichte relativ neu sind. Bleibt zu hoffen, daß noch keine irreparablen Schäden angerichtet worden sind, die uns daran hindern, der mystischen Weisheitslehre des Feng-shui wieder mit gesundem Menschenverstand und Hochachtung zu begegnen.

Das I-ching

Ein anderer Weisheitsborn, aus dem immer wieder geschöpft wird, ist das *I-ching.* An dieser Stelle soll noch einmal seine praktische Anwendbarkeit an einem Beispiel illustriert werden. Was dabei herauskommt, ist zwar nicht sonderlich überraschend, doch sehr treffend. Die Deutungen basieren auf Richard Wilhelms Text, und die Befragung des I-ching erfolgt wiederum durch das Werfen dreier Münzen. Ein Wurf, bei dem überwiegend die Kopfseite der Münze oben liegt, gilt als Yang; liegen mehr Münzen mit der Zahlseite nach oben, gilt der Wurf als Yin. Sind alle drei Münzen von gleicher Art, steht eine Änderung der Linie bevor.

Nun zur Frage.

Wir konzentrieren uns auf das Problem der Atomenergie und stellen dazu die Frage: »Ist es möglich, die Gewinnung und Nutzung von Atomenergie so sicher zu machen, daß keinerlei Gefahr für die Menschheit besteht?«

Hexagramm C

Die ermittelten Yin- und Yang-Linien setzen sich zu Hexagramm C zusammen. Dieses Hexagramm trägt die Nummer 4, mit jeweils einer bewegten Linie auf dem untersten und auf dem obersten Platz, die, da sie sich in ihr Gegenteil verkehren, ein neues Hexagramm (Nummer

19) erzeugen. Nummer 4 trägt die Bezeichnung »Die Jugendtorheit«, und das Urteil dazu lautet:

> Jugendtorheit hat Gelingen. Nicht ich suche den jungen Toren, der junge Tor sucht mich. Beim ersten Orakel gebe ich Auskunft. Fragt er zwei-, dreimal, so ist das Belästigung. Wenn er belästigt, so gebe ich keine Auskunft. Fördernd ist Beharrlichkeit.

Der Kommentar zur Entscheidung:

> Die Jugendtorheit zeigt unterhalb eines Berges eine Gefahr. Gefahr und Stillstand: das ist Torheit. Die Torheit hat Gelingen. Einer, dem es gelingt, trifft bei seinem Handeln die rechte Zeit ...

Der Kommentar zu den bewegten Linien:

> Unterste Linie: Um den Toren zu entwickeln, ist es fördernd, den Menschen in Zucht zu nehmen. Man soll die Fesseln abnehmen. So weitermachen bringt Beschämung.
> Oberste Linie: Beim Bestrafen der Torheit ist es nicht fördernd, Übergriffe zu begehen, fördernd ist nur, Übergriffe abzuwehren.

Hexagramm Nr. 19 trägt die Bezeichnung »Die Annäherung«, und das Urteil dazu lautet:

> Die Annäherung hat erhabenes Gelingen. Fördernd ist Beharrlichkeit. Kommt der achte Monat, so gibt's Unheil.

Sind dies nun günstige oder ungünstige Antworten? Das I-ching spricht viel von unreifen Toren, die lästige Fragen stellen. Auch von Omen ist immer wieder die Rede. Ja, sind denn Windscale, Three Mile Island, Tschernobyl und so weiter nicht Omen genug, würde das I-ching gewiß fragen. Wann wird sich die törichte Menschheit in ihrem selbstgeschaffenen, gefährlichen Dilemma endlich etwas sagen lassen? Vielleicht muß ihr wirklich einmal eine scharfe, wenn auch nicht gleich tödliche, Lektion erteilt werden.

Wenn es dazu kommt (und Taoisten müssen sich, wie immer, vor Handlungen hüten, die einer Situation nicht angemessen sind), wird sich »erhabenes Gelingen« einstellen, das allerdings nicht ewig währt.

Die nächste Frage (selbst auf die Gefahr hin, lästig zu sein) muß also lauten: Was sollte ich als Taoist in der Sache der Kernkraftwerke unternehmen? (Als Antwort fällt mir ein: Dieses Buch schreiben. Mal sehen.) Es entsteht das neue Hexagramm D.

Hexagramm D

Es ist Hexagramm 31 mit einer bewegten Linie auf zweitem Platz. (Das gleiche Hexagramm, das wir bereits weiter vorne kennengelernt haben. Hier wird deutlich, daß eine begrenzte Zahl von Hexagrammen ausreicht, um eine unbegrenzte Zahl von Fragen zu beantworten.)

Der Text dazu lautet wie folgt:

Die Einwirkung. Gelingen. Fördernd ist Beharrlichkeit. Ein Mädchen nehmen bringt Heil.

Im Kommentar zur Entscheidung heißt es:

> Die Einwirkung bedeutet Anregung. Das Schwache ist oben und das Starke ist unten. (Das Starke kann das Schwache ohne weiteres stützen) ... Himmel und Erde beeinflussen einander, und alle Dinge gestalten sich und entstehen (ein Hinweis auf Yin und Yang, Heirat usw.). Der Berufene beeinflußt die Herzen der Menschen, und die Welt kommt in Frieden und Ruhe. Wenn man die ausgehenden Einflüsse betrachtet, so kann man die Natur von Himmel und Erde und allen Wesen erkennen.

Bewegte Linie auf zweitem Platz: Die Einwirkung äußert sich in den Waden. Unheil! Verweilen bringt Heil!

Meine Deutung geht dahin, daß ich in meinem Tun fortfahren soll. Ich soll zu Hause bleiben und nicht draußen in der Welt aktiv werden. Das bedeutet für mich: keine weiteren Märsche gegen AKWs. Meine Aufgabe besteht darin, die Herzen der Menschen zu bewegen. Ein Mädchen nehmen: Das ist ein deutlicher Hinweis auf den dichterischen Schöpfungsakt.

Durch die bewegte Linie entsteht ein neues Hexagramm, die Nummer 28:

> Des Großen Übergewicht. Der Firstbalken biegt sich durch. Fördernd ist es, zu haben, wohin man gehe. Gelingen.

Im Kommentar dazu heißt es:

> Als Großes im Übergewicht legt das Zeichen das Bild des Firstbalkens, des oberen Balkens eines Hauses, auf dem das ganze Dach ruht, nahe. Da Anfang und Ende schwach sind, so entsteht die Gefahr des zu starken inneren Gewichts und infolge davon des Durchbiegens. Trotz dieser außerordentli-

chen Situation ist Handeln wichtig. Wenn die Last ruhte, so würde Unheil entstehen. Durch Bewegung aber kommt man aus dem abnormen Zustand heraus, zumal, da der Herr des unteren Zeichens zentral und stark ist. Ebenso geben die Eigenschaften der Zeichen Heiterkeit und Sanftheit die rechte Art für erfolgreiches Handeln an.

Allem Anschein nach sollte ich mir nicht zuviel aufbürden. Ich sollte heiter und sanft sein und keine Zeit vergeuden.

Der Beitrag des Taoismus in der heutigen Zeit

Nachdem wir nun zwei praktische Anwendungsmöglichkeiten des Taoismus zur Rettung der Erde besprochen haben, stellt sich die Frage, welche Bedeutung sie hier und jetzt haben.

Durch welchen Beitrag vermag der Taoismus unser aller Schicksal zum Guten zu wenden? Es ist nun mal keine Philosophie, die die Massen anzieht, in China nicht, und im Westen erst recht nicht. Und das war früher wohl auch nicht anders.

Es gibt keine Heilmittel mit sofortiger Wirkung. Die schnelle Küche bringt uns schnell ins Grab, und Schnellkuren rufen häufig noch viel schlimmere Krankheiten hervor.

Mag sein, daß es zu einfach ist, die Weisheit des Fengshui und des I-ching zu betrachten und ruhigen Gewissens zu sagen, daß es zu einer Wiederherstellung des Gleichgewichts kommen wird, selbst auf die Gefahr hin, daß wir Menschen dann eliminiert sind.

Es wäre auch zu einfach, wenn ich nur schreiben würde: »Der Taoismus kann lediglich darauf hinweisen, daß mit größter Wahrscheinlichkeit eine Naturkatastrophe über uns hereinbricht, wonach sich die Erde – ob mit oder ohne Menschen – wieder im Gleichgewicht befindet.« Ich könnte sagen, daß der Taoismus uns rät, ein kleines Land zu finden und dort mit eingezogenen Köpfen zu leben, in der Hoffnung, daß die Gewitterwolken über uns hinwegziehen, ohne daß uns der unvermeidliche Sturm zu arg durchnäßt.

Der Taoismus ist jedoch keine Philosophie der Resignation, die die Welt verleugnet: Sowohl das Feng-shui als auch das I-ching verlangen menschliches Handeln. Wenngleich der Taoismus das sanfte Prinzip des *Wu-wei* lehrt, so ist damit nicht das träge, geistlose Dahingleiten eines Blattes im Strom gemeint, sondern das intelligente Fließen mit dem Strom.

Auf eine unerwünschte Veränderung wird fast immer mit Schlachtrufen reagiert wie: »Kampf! Kampf gegen die Autobahn! Kampf um den Grüngürtel! Gemeinsamer Kampf macht stark!« Bei solchen Aufrufen wird dem Yang nur wieder Yang entgegengesetzt, nicht aber Yin. Transparente und Spruchbänder könnte man sich sparen und statt dessen das Geld verwenden, um die anmaßenden Behörden mit Bäumen zu beschenken, die dann die Straßen verschönern. Man könnte Bäume pflanzen, wo eine Autobahn geplant ist, oder einen Spielplatz für Kinder anlegen. Mit anderen Worten, man könnte selbst einen kreativen Beitrag leisten, statt nur Rechte zu fordern. Dadurch wird die Energie nicht verbraucht, sondern vermehrt, denn durch die eigene Anstrengung werden kosmische Kräfte, die dic dynamische Spannung innerhalb kreativer Grenzen aufrechterhalten, nutzbar gemacht.

Taoisten müssen den Fluß der kosmischen Kräfte aufspüren und mit ihm gehen: Das ist das A und O des Taoismus. Sie müssen akzeptieren, was ist, und die Wiederherstellung der Harmonie anstreben. Sie könnten zum Beispiel die Kräfte erforschen, die junge Menschen in die Städte ziehen, und die gewonnenen Erkenntnisse dazu nutzen, auf eine gesündere und harmonischere Zukunft hinzuarbeiten.

In jeder Situation liegt schon der Keim zur Veränderung.

Das Gegengewicht läßt sich immer irgendwo finden, und irgendwie müssen wir uns mit dieser ausgleichenden Kraft verbünden. Die Gaia-Hypothese gibt uns einen wichtigen Impuls: Sie deckt sich mit der Überzeugung der Feng-shui-Gelehrten, daß Ch'i, die Energie, die alles Leben durchdringt, auch durch die Erde strömt und Wasserdrachen, Menschen und Tiere am Leben erhält. Wenn wir fest entschlossen sind, dem Tao zu folgen, dann tragen auch wir unseren Teil dazu bei, die Gesundheit der Biosphäre – das Reich jener Wasserdrachen – zu erhalten.

Wenn dem so ist, dann kommen wir nicht umhin, die Arbeit unserer politischen Führungskräfte genauestens unter die Lupe zu nehmen. Und genau das werde ich im nächsten Kapitel tun.

KAPITEL 5

Kleine Fischlein braten

Veränderung ist unvermeidlich. Veränderung bereitet uns Unbehagen, und folglich verwenden wir viel Zeit darauf, die Veränderung unter Kontrolle zu bringen, sei es, daß wir sie bewußt herbeiführen oder ihr ausweichen. Im Gegensatz dazu heißt es im 29. Kapitel des Tao-te-ching:

> Die Welt ist ein geistiges Ding,
> das man nicht behandeln darf.
> Wer sie behandelt, verdirbt sie,
> wer sie festhalten will, verliert sie.

Und doch gibt es einen Ausweg aus diesem Dilemma: Wir müssen die Veränderung beobachten, um uns ihr auf intelligente Weise anzupassen. Das ist das Prinzip des *Wu-wei* (des Nichthandelns), und der Prozeß ist vergleichbar mit der Geschicklichkeit eines Seglers, der die Kräfte des Windes und der Gezeiten nutzt, (auch wenn sie gegen ihn gerichtet sind), um sicher den Hafen zu erreichen.

Doch statt Wu-wei zu praktizieren, überantworten die meisten Menschen ihr Leben unfähigen Kapitänen, vertrauen auf Eltern oder Lebenspartner, daß sie ihnen das ewige Glück bescheren, oder auf Politiker, daß sie die Welt zu einem allzeit sicheren Ort machen.

Die Politiker

Warum wird jemand Politiker? Vermutlich aus zweierlei Gründen. Ein Grund ist, daß er ein Bedürfnis der Menschen erfüllen will: Wie bereits angedeutet, streben die von uns nach Sicherheit und übertragen deshalb nur allzugern Macht auf andere, die vorgeben, für diese Sicherheit zu sorgen. Der zweite Grund ist der, daß es zu allen Zeiten Menschen gegeben hat, die absolut machtbesessen sind, und die diese Macht dazu gebrauchen, um ihre Mitmenschen zu beherrschen. Ihre Neurose entspringt einer großen Unsicherheit. Indem sie Macht ausüben, hoffen sie, die Veränderung unter Kontrolle zu bekommen und so ihr Sicherheitsgefühl zu steigern.

Politiker sind also immer bestrebt, die Veränderung bestmöglich unter Kontrolle zu bringen. Daß es nur wenigen gelingt, liegt nicht nur an ihrer Unfähigkeit. Es liegt auch daran, daß sich nur die allerwenigsten Politiker ihre Neurose eingestehen, und was das für Folgen hat, lesen wir bei Emma Goldman:

> Der Staat und jede Regierung, ungeachtet ihrer Form, ihres Charakters oder ihrer Couleur – ob absolutistisch oder verfassungsmäßig, ob Monarchie oder Republik, ob faschistisch, nazistisch oder bolschewistisch –, ist von Natur aus konservativ, statisch, intolerant gegenüber der Veränderung und gegen sie eingestellt.[12]

Die Menschen werden deshalb nicht von Weisen regiert (deren Weisheit sich eher darin zeigt, daß sie kein Regierungsamt übernehmen), sondern von neurotischen Karrieremachern, die ihren Bürgern nur wenig Sympathie entgegenbringen und denen es im wesentlichen darum geht, die Früchte der Macht zu ernten und so lange wie möglich an der Macht zu bleiben, indem sie sich der unvermeidlichen Veränderung entgegenstellen.

Alles wandelt sich, doch wie es scheint, benehmen sich Politiker gegenüber diesem unentrinnbaren kosmischen Gesetz wie der sprichwörtliche Elefant im Porzellanladen. Die Beherrschten bestärken die Herrschenden in ihrer plumpen Handlungsweise, indem sie sie routinemäßig im Amt bestätigen. Folglich sehen die Politiker, ob groß oder klein, gut oder schlecht, ihren Machtbereich mehr und mehr wachsen und müssen sich kaum noch dafür rechtfertigen, daß sie Macht ausüben und sich ständig neue Vorschriften und Gesetze ausdenken, durch die sie die Veränderung kontrollieren wollen und den Status quo zu erhalten hoffen. Dazu heißt es im 57. Kapitel des Tao-te-ching:

> Je mehr Verbote es gibt,
> desto ärmer wird das Volk ...
> Je größer die Zahl der Satzungen,
> desto größer die Zahl der Diebe und Räuber.

Die taoistische Sicht der Politik

Die Veränderung ist unumgänglich, kommt sie zum Stillstand, ist das gleichbedeutend mit Tod. Der weise Politiker ist deshalb ein Mensch, der zur Aufrechterhaltung des dynamischen Gleichgewichts einen Staat so regiert, »wie man kleine Fischlein brät«: sehr behutsam und leicht. Die idealen Herrscher, die idealen Politiker, sind jene, die den geringsten Lärm machen und das wenigste Aufsehen erregen. (Leider ist es sehr unwahrscheinlich, daß eine solche Person von ihrer Partei als Kandidat aufgestellt wird, und vermutlich wird sie auch von den Wählern nicht für voll genommen.)

So wie realistische chinesische Geschäftsleute den Rat der Geomanten nicht mißachten, werden sich auch weise politische Führer der unaufhaltsamen Veränderung bewußt und nutzen ihre Strömungen und Strudel, ihre Stürme und Flauten, einem Segler gleich, um ihre Ziele zu erreichen. Weil sie klug und einsichtig sind, werden sie das I-ching befragen, um sicherzugehen, daß jegliches Tun im Einklang mit den gegenwärtigen Tendenzen steht.

Das *Buch der Wandlungen* hält eine Fülle von guten Ratschlägen für all jene bereit, denen die Bürde der Regierungsgeschäfte übertragen wird, und auch für jene, die so irregeleitet sind, selbst nach Amt und Würden zu streben. Sie alle werden daran erinnert, daß die Veränderung unumgänglich ist und daß die kleinen menschlichen Interessen nur einen winzigen Teil im Gefüge der kosmischen Veränderung ausmachen und daß es deshalb klug ist, sich der Richtung, in die die Veränderung geht, soweit wie möglich bewußt zu werden.

Auch der alte Klassiker, das Tao-te-ching, das *Buch vom Weltgesetz und seinem Wirken,* ist voll von vernünftigen, wenn auch gar nicht gern gehörten Ratschlägen für Politiker: »Je größer die Zahl der Satzungen, desto größer die Zahl der Diebe und Räuber.« Wie wahr das ist! Und dennoch versuchen die Politiker, den Status quo durch die Vorlage immer neuer Gesetze aufrechtzuerhalten.

Aber wie könnten Gesetze die Veränderung aufhalten? Wie kann ein von Menschen geschaffenes Gesetz jemals die Subtilität und Perfektion des kosmischen Gesetzes erreichen? Wie kann beispielsweise ein Gesetz aus Menschenhand jedem einzelnen Bürger gerecht werden? Bei William Godwin heißt es dazu:

> Keine Maxime ist klarer. Jeder Fall muß individuell entschieden werden. Keine von Menschenhand verübte Tat ist mit

> einer anderen gleichzusetzen, keine ist im gleichen Maße von Nutzen oder zum Schaden. Es sollte demnach Aufgabe der Justiz sein, die Qualitäten der Menschen zu unterscheiden, und nicht, wie es bisher üblich war, sie gleichzumachen. [Statt dessen, so fährt er fort, erlassen die Gesetzgeber immer mehr Gesetze, um für alle Eventualitäten gerüstet zu sein.] Deshalb müssen ständig neue Gesetze erlassen werden. Um einer Umgehung dieser Gesetze vorzubeugen, sind die Gesetze in der Regel umfassend, weitschweifig und vielseitig auslegbar.[13]

Gesetze sind dazu da, gebrochen zu werden. Je mehr Gesetze es gibt, desto größer ist die Chance des einzelnen, kriminell zu werden, und sei es auch nur aufgrund von Nachlässigkeit. Ihre Durchführung wird somit immer schwieriger und immer dringlicher für die Gesetzgeber. Die Strafen werden zunehmend härter. Im 58. Kapitel des Tao-te-ching heißt es:

> Wenn die Regierung tüchtig und forsch ist,
> ist das Volk unzufrieden.

Mit anderen Worten, die Menschen werden unruhig und aufsässig und setzen alles daran, die Herrschenden zu überlisten. Als unmittelbare Folge davon werden noch mehr Gesetze erlassen, und damit verbunden sind Geheimprozesse, Sonderkommandos, gegenseitiges Ausspionieren, nächtliches Klopfen an der Türe und eine generelle Maßlosigkeit der Machthaber. Doch das herrschende Regime kann die Rebellion, ausgelöst durch die Gesetzesflut, nicht auf Dauer unterdrücken. Auf jedes maßlose Yang folgt unweigerlich wieder ein Aufstieg des Yin.

Lao-tzu zufolge handelt der ideale Herrscher nach dem Grundsatz, daß die Veränderung unumgänglich ist, daß jegliches Tun, das nicht dem Tao folgt, die Welt nur am Rande beeinflussen kann. Eingedenk dieses Wissens hat er auch nicht das Bestreben, mit Gewalt an die Macht zu kommen. Wenn er an der Regierung ist, erinnert er sich daran, möglichst wenig einzugreifen, möglichst wenig zu sagen, leise aufzutreten und die Veränderung nicht zu erzwingen. »Ruhe und Frieden sind ihm das Höchste ...« Es hat jedoch auch taoistische Herrscher gegeben, die in Kriege verwickelt waren. Licht und Dunkelheit bestehen nebeneinander, heißt es und einige Taoisten griffen zum Beispiel zur Gewalt, um offenen Widerstand gegen Tyrannen zu leisten. Lao-tzu erkannte, daß jedes Utopia nur Teil eines Zyklus ist und kein statischer tausendjähriger Zustand. Ferner erkannte er, daß Kriege und Rebellionen ebenfalls zu diesem Zyklus gehören, denn ohne sie gäbe es keinen Frieden. Yin und Yang sind voneinander abhängig; das eine kann ohne das andere nicht existieren. Deshalb wird es immer Männer geben, denen es Vergnügen bereitet, zu töten, andere zu beherrschen, zu rauben und zu plündern, und solche, die Gewalt mit Gewalt bekämpfen. Je größer eine Kraft ist, desto größer ist die ihr entgegengesetzte Kraft. Im Tao-te-ching wird deshalb immer wieder auf Mäßigung im Umgang mit gegensätzlichen Kräften hingewiesen.

> Wenn man nicht anders kann, als Soldaten zu verwenden,
> ist die beste Politik ruhige Zurückhaltung.
> Sogar im Sieg liegt keine Schönheit,
> und wer ihn schön nennt, ist einer,
> der sich an der Schlächterei freut;
> und wer sich an der Schlächterei freut,
> wird in seinem Ehrgeiz, die Welt zu beherrschen,
> keinen Erfolg haben.
>
> (31. Kapitel des Tao-te-ching)

General von Clausewitz hat einmal gesagt: »Krieg ist die Fortführung der Politik mit anderen Mitteln.« Lao-tzu gibt dazu seinen eigenen Kommentar ab und beschreibt die perfekte politische Lösung:

Der tapfere Soldat ist nicht gewalttätig;
der gute Kämpfer wird nicht zornig.
Der große Eroberer kämpft nicht (um Kleinigkeiten) …
Das ist die Tugend des Nichtstrebens,
das heißt die Fähigkeit, Menschen zu verwenden;
sie reicht bis zur Höhe des Seins,
dem Himmel vermählt und dem, was einstens war.

(68. Kapitel des Tao-te-ching)

»Der tapfere Soldat ist nicht gewalttätig.« Das heißt: Er weiß, wann er vorrücken und wann er sich zurückziehen muß, wann er stark und wann er schwach sein muß.

Nachgeben, heißt ganz bleiben.
Gebeugt sein, heißt gerade werden.
Hohl sein, heißt voll werden.
Zerfetzt sein, heißt erneuert werden.
Bedürfen heißt besitzen.
Überfluß haben, heißt verwirrt werden.

(22. Kapitel des Tao-te-ching)

Mao Tse-tung machte sich die taoistische Kriegsführung zu eigen und wandte sie in seiner Volksbefreiungsarmee an. Ständig riet er seinen Offizieren, jegliche Konfrontation zu vermeiden und den Gegner in seine eigenen Fallen zu locken. »Rückt der Feind vor, ziehen wir uns zurück. Sobald der Feind lagert, überfallen wir ihn. Wird der Feind müde, greifen wir an; tritt er den Rückzug an, verfolgen wir ihn.« Und an anderer Stelle sagt er: »Um die Massen wachzurütteln, müssen wir unsere Kräfte verteilen; um mit dem Feind zu verhandeln, müssen wir unsere Kräfte konzentrieren.«[14]

Über das Tao der Politik sagt Lao-tzu:

Wer gegen das Tao ist, geht jung zugrunde ...
Darum: Um der Höchste unter den Menschen zu werden,
muß man sprechen wie ihr Untergebener.
Um der Vorderste unter den Menschen zu sein,
muß man hinter ihnen gehen.

(30. und 66. Kapitel des Tao-te-ching)

Was für einen Herrscher gilt, gilt auch für Staaten:

Wenn ein großes Land sich unter ein kleines Land stellt,
saugt es das kleine Land auf; und wenn ein kleines Land sich unter ein großes stellt,
saugt es das große auf.
Darum stellen sich manche niedrig,
um andere aufzusaugen,
manche sind von Natur aus niedrig und saugen andere auf.
Was ein großes Land wünscht, ist nur, andere zu schirmen,
und was ein kleines Land wünscht, ist nur, einzugehen
und sich schirmen lassen zu dürfen.

(61. Kapitel des Tao-te-ching)

Der weise Herrscher wird also nach dem Prinzip des Wu-wei und nach der Methode der Judokämpfer handeln, das heißt, nachgeben. Er wird sich beugen, um Hindernisse zu überwinden. Er wird die direkte Konfrontation meiden und stets ein ergebener Diener des Volkes bleiben. Er vermeidet die Anhäufung von Gesetzen und muß daher nicht auf harte Strafen und Staatsgewalt zurückgreifen.

Das Tao-te-ching verweist immer wieder auf die Demut als Gegengewicht gegen das zweifelhafte Vergnügen des Ruhmes im Zusammenhang mit Regierung und

Machtausübung und auf die weise Einsicht, Streit zu vermeiden und Gleiches nicht mit Gleichem zu vergelten.

Gewöhnliche Politiker besitzen leider nicht diese tiefe Weisheit. Sie handeln so, als könnten sie die Naturgesetze ändern, und halten sich für mächtig genug, das Universum in seinem über alles erhabenen zyklischen Wechsel aufzuhalten.

Anarchismus und Taoismus

Im großen und ganzen haben die Taoisten sich immer davor gehütet, Teil des herrschenden Establishments zu werden. Als Chuang-tzu, der große Interpret und Dichter des Taoismus, der das, was Lao-tzu etwas abstrakt formulierte, in die zugänglichere Form des dichterischen Gleichnisses kleidete, einmal gefragt wurde, ob er einen Ministerposten in der Regierung übernehmen wolle, antwortete er mit einer rhetorischen Gegenfrage. Er wollte von den entsandten Boten wissen, was einer Schildkröte wohl lieber wäre: daß sie tot ist und ihre hinterlassenen Knochen in den Hallen eines Tempels geehrt werden oder daß sie noch lebte und ihren Schwanz im Schlamme nach sich zöge? Ganz offensichtlich fühlte er sich wohler als Schildkröte, die ihren Schwanz im Schlamme nach sich zieht, und schlug das Angebot somit aus. Und doch ist heute mehr über ihn bekannt als über den mächtigen König, der ihm das Angebot gemacht hatte, und sicherlich kann man sagen, daß er mehr Einfluß auf die Geschichte seines Landes als irgendein Herrscher hatte.

Diese und andere Geschichten lassen gewisse Ähnlichkeiten zwischen Anarchismus und Taoismus erkennen. Der Anarchismus stand immer in einem schlechten Ruf. Um so erstaunlicher ist es, daß bei der Ausarbeitung der amerikanischen Verfassung starke anarchistische

Tendenzen Berücksichtigung fanden, so daß es heute die Verfassung ist, die eine übermäßige politische Zentralgewalt in ihre Schranken verweist. Andere ältere Demokratien müssen sich dagegen eingestehen, daß ihnen eine solche Bremse fehlt.

Anarchisten sind Individualisten, und deshalb widerstrebt ihnen die Herrschaft eines einzelnen über einen anderen oder einer Gruppe über eine andere Gruppe. Die besten unter ihnen vertreten Moralvorstellungen, die höher sind als die der meisten anderen Leute. Sie haben großen Respekt vor den Rechten ihrer Mitmenschen und können nicht verstehen, warum jemand bereitwillig einer anderen Person oder Gruppe, die nicht unfehlbar ist, das Recht überträgt, über ihr Leben in einer unüberschaubaren Zukunft zu bestimmen. Folglich widersetzen sie sich jeglichem Zwang und jeder unnötigen staatlichen Autorität.

Gute Anarchisten regeln ihre Privatangelegenheiten, indem sie einen Konsens anstreben, ebenso wie sie auch in öffentlichen Angelegenheiten immer versuchen, mit allen beteiligten Gruppen zu einem Konsens zu kommen.

Taoistische Weise sind im Grunde keine Anarchisten, denn sie stellen sich nicht gegen die Regierung. Sie wissen, daß es immer Menschen geben wird, die andere beherrschen wollen, und daß die meisten Menschen nichts dagegen haben, beherrscht zu werden. Deshalb ziehen sich die Weisen aus dem aktiven politischen Geschehen zurück und sind damit zufrieden, ein genügsames Leben zu führen. Sie agitieren nicht gegen die Regierung, sondern schlängeln sich so geschickt durchs Leben und durch die Machenschaften der Politiker wie der alte Mann, der in einen Wasserfall stürzte und stromabwärts unversehrt wieder auftauchte, weil er sich den Kräften des Wassers angepaßt hatte.

Mit Wohlwollen sieht der Weise, wenn sich die Macht der Herrschenden abschwächt und die Selbständigkeit und Autonomie des gemeinen Volkes wächst. Er wäre sicher auch ein Befürworter des Prinzips, das Fred Woodworth so beschrieben hat:

> Das gesellschaftliche Prinzip der Anarchie ist allgemein bekannt und auch voraussagbar. Wann immer einer dem anderen hilft, wann immer die Menschen ihre Probleme lösen, ohne daß die Polizei oder das Gesetz eingreift, kurzum, sobald menschliche Entwicklung stattfindet, die nicht einem Mandat, einer Bestimmung, einer Verfügung, oder einer Kontrolle untersteht oder sonstwie einer Einmischung unterliegt, sei es seitens der Legislative oder einer Person, die durch ihr Handeln ein Ergebnis erzwingt, ist das anarchistische Prinzip am Werk.[15]

Auch Taoisten betrachten voller Argwohn alle organisierten Gruppen, weil sie erkannt haben, daß organisatorische Regeln die Veränderung im Keim ersticken und den freien Fluß des Ch'i zwischen den Menschen behindern. Wenn schon Organisationen, dann sollten sie ihrer Meinung nach zumindest von kurzer Dauer sein, das heißt, sich wieder auflösen, sobald sie ihren unmittelbaren Zweck erfüllt haben. Diese Ansicht wird auch von anarchistischer Seite vertreten.

Für weitaus radikaler halte ich das Konzept, Organisationen so anzulegen, daß sie nur vorübergehend bestehen, das heißt, nach einer gewissen Zeit abgeschafft werden. Diese Vorstellung von einer kurzen Dauer der Organisation ... geht von zahlreichen Überlegungen aus:

a) daß eine Organisation nutzbringend für die Gesellschaft ist und daß ihre Mitglieder auseinandergehen, sobald sie keinen Nutzen mehr bringt;

b) daß Organisationen oftmals zum Zwecke der Problemlösung gegründet werden und daß sie überflüssig werden, sobald die Probleme gelöst worden sind;

c) daß es zwangsläufig zu erstarrtem Verhalten in einer Organisation kommt und

d) daß die Menschen im Laufe der Zeit organisatorische Interessen mit ihren persönlichen Bedürfnissen gleichsetzen (und folglich Autonomie und Authentizität verlieren).[16]

Taoismus und das Wohl des Staates

James Callaghan, der frühere britische Premierminister, sagte einmal, die Politik unterliege einem Zyklus von 30 Jahren und nach Ablauf dieser Zeit erfolge meist eine große Wandlung in der politischen Szene. Früher oder später würde sich die Situation dann wieder einpendeln.

Wenn ein Weiser in einem schwachen Moment sich dazu überreden ließe, einen Politiker zu beraten, was würde er dann wohl sagen?

> Wer sich durch das Tao vornimmt, dem Herrscher über Menschen zu helfen,
> wird sich jeglicher Eroberung durch Waffengewalt entgegenstellen.
> Denn eine solche muß notwendig zurückprallen.
> Wo Heere sind, wachsen Dornen und Gestrüpp.
> Die Aushebung einer großen Streitmacht
> hat ein Jahr der Dürre im Gefolge …
> Denn die Dinge altern, wenn sie ihren Höhepunkt erreicht haben.
> Diese Gewalt wäre gegen das Tao.
> Und wer gegen das Tao ist, geht jung zugrunde.
>
> (30. Kapitel des Tao-te-ching)

Gewiß würde er seinen Worten Nachdruck verleihen mit einem Hinweis auf den Zustand des Landes und der

Welt, auf das rasante Tempo des Wechsels und auf die verschiedenen gegensätzlichen Kräfte, die aus dieser Veränderung hervorgehen, und den Rat geben, sich eingehend mit den sichtbaren Vorzeichen zu beschäftigen.

Der Politiker wäre mittlerweise längst fort, und der Weise könnte ungehindert seiner Wege gehen.

Das reicht uns aber noch nicht, würde das Volk zum Weisen sagen. Du behauptest, daß uns die Beobachtung von Yin und Yang retten kann oder uns zumindest eine Überlebenschance läßt.

Worauf der Weise vielleicht antworten würde, daß man lediglich darauf hinweisen könne, wohin die Mißachtung von Yin und Yang führen würde. Er würde die Menschen auffordern, ihren gesunden Menschenverstand zu gebrauchen und ihre eigenen Schlußfolgerungen zu ziehen, eingedenk der Tatsache, daß Yin und Yang kosmische Kräfte sind, die selbst für einen Ausgleich sorgen, ganz gleich, was die unbedeutenden Menschen auch anstellen. Bei Mao Tse-tung heißt es dazu:

> So verhält es sich mit allen Gegensätzen: Unter bestimmten Umständen stehen sie sich feindlich gegenüber, dann wiederum sind sie verkettet und stehen in wechselseitiger Abhängigkeit ...[17]

Bei jeder menschlichen Anstrengung, die ohne Einbeziehung der Vorzeichen und Tendenzen erfolgt, können unliebsame Veränderungen eintreten. Deshalb verweist der taoistische Weise auf das Studium des Tao-te-ching, in dem Lao-tzu, der Weise aller Weisen, der an keiner Stelle zu einem Leben in Zurückgezogenheit rät, den Menschen immer wieder nahelegt, das Potential, mit dem wir alle geboren werden, auszuschöpfen: dem Tao folgen, den Pfad der Tugend wandeln und wachsen und gedeihen. Wenn die modernen politischen Führer vorgeben, für Menschlichkeit und Moral zu sein, und trotzdem überall Menschen verhungern, dann hat die Orwellsche Zukunftsvision bereits begonnen, denn sie sagen das eine und tun das andere und stemmen sich gegen jede Veränderung. Lao-tzu ging von der Erkenntnis des Universums und seiner Veränderungen aus. Seine berühmten 5000 Worte basieren auf dem, was zu seinen Lebzeiten auf der Welt vor sich ging, und die Welt ist die gleiche geblieben.

Die heutigen Politiker könnten sehr wohl von seinen Worten Gebrauch machen.

Die Botschaft ist einfach: Es geht um Demut, Judo, eine Drosselung der Gesetzesflut und um die Überzeugung, daß Menschen – auch ohne Polizeigewalt – moralisch sind und in Frieden und Eintracht mit ihren Nachbarn leben wollen. Für diese Behauptung müssen wir nicht viel von Philosophie verstehen. Die Tatsache, daß wir die These aufstellen können, läßt darauf schließen, daß wir auch die entsprechende Fähigkeit zu ihrer Verwirklichung besitzen.

Doch eine Fähigkeit, die nicht genutzt wird, verkümmert: Indem wir die moralische Verantwortung an andere abgeben, erhalten wir die Regierungen (und die Umwelt), die wir verdienen. Nach Auffassung der Taoisten hat ein jeder von uns die Aufgabe, seine Selbst-Kultivierung und die Entwicklung seiner Mitmenschen voranzutreiben. Das läßt uns gelassen mit dem Gemeinwesen umgehen, wenn »das Fischlein gebraten werden soll«, und erinnert uns gleichzeitig daran, daß Regierungen nur durch ein ausgeklügeltes Sicherungssystem an der Macht bleiben können und daß Menschen, die eine Gruppe oder Gruppen von Mitmenschen über sich und ihr Leben bestimmen lassen, stets wachsam sein müssen.

Von den Herrschenden reicher wie armer Länder werden fortwährend politische Entscheidungen getroffen. Jede dieser Entscheidungen wirkt sich zwangsläufig auf unzählige Menschen aus: Entscheidungen zum Wohnungsbau, zu Erziehung und Bildung, zur Vermögensverteilung usw. Und nach wie vor sind immer diejenigen am direktesten davon betroffen, die am wenigsten am Entscheidungsprozeß beteiligt sind.

Dennoch liegt der taoistischen Überzeugung zugrunde, daß jeder Einzelne Teil eines »universalen Energienetzes« ist, wie der taoistische Meister Hua Ching Ni es nannte. Daraus folgt, daß wir nicht nur unser eigenes Leben erschaffen, sondern direkt und tiefgreifend das Leben der anderen und das Universum generell beeinflussen. Wir alle tragen die Verantwortung für das Wohlergehen des Landes. Wenn wir achselzuckend unfähigen Politikern die Macht übertragen, dann müssen wir auch für die Folgen geradestehen.

Im folgenden Teil des Buches lasse ich die Weltuntergangsstimmung hinter mir (wohl wissend, daß der Keim zur Veränderung selbst unter den furchtbarsten Umständen gegeben ist) und wende mich statt dessen den konstruktiven Aspekten einer Vereinigung des azurblauen Drachen mit dem weißen Tiger zu.

Teil III

Hoffnung

Wo es keine Hoffnung gibt, kann es auch kein Streben geben.

Samuel Johnson

KAPITEL 6

Die Regenbogenbrücke

Die größte Annäherung an den östlichen Geist erreicht das westliche Denken bei seiner Erforschung der Quellen der schöpferischen Kraft. Nach taoistischer Auffassung unterliegen die Kreativität und die damit verbundenen Qualitäten dem Zusammenspiel von Yin und Yang, durch das die unerschöpfliche kosmische Energie des Tao im Gleichgewicht gehalten wird.

Daß dieses dynamische Gleichgewicht in der östlichen Kunst häufiger und mit größerer Selbstverständlichkeit anzutreffen ist, davon handelt unter anderem dieses Kapitel. Denn die östlichen Künstler haben im Gegensatz zu ihren westlichen Kollegen – bedingt durch ihre Kultur – ein größeres Bewußtsein für die Bedeutung des kosmischen Gleichgewichts, für die Fülle und die Leere. Indem der Betrachter die Leere ausfüllt, die der Künstler seinem Werk mitgegeben hat, entsteht eine psychologische Ausgewogenheit, aus der heraus der Betrachter zur Einsicht kommt.

Beginnen wir mit folgendem Gedicht:

> Der Berg Lu in dichtem Regen, der Fluß Ch'c zur Flutzeit.
> Wäre ich nicht dort gewesen, meine Sehnsucht hätte mich immerfort weiter gequält.
> Ich ging hin und kehrte zurück – nichts im besonderen.
> Der Berg Lu in dichtem Regen, der Fluß Ch'e zur Flutzeit.

Dieses kurze Gedicht enthält eine Leere, einen freien Raum, der zu füllen ist. Oder anders ausgedrückt, es besteht die Notwendigkeit, unvollständige Elemente wie in der Gestalttherapie zu komplettieren. Gleich einem Fenster, das auf eine Öffnung angewiesen ist, so vervollständigt der leere Raum – all das, was unausgesprochenen bleibt – das Gedicht.

Lao-tzu sagt dazu:

> Dreißig Speichen kommen in der Nabe zusammen;
> aus ihrem Nichtsein (dem Verlust ihres Einzeldaseins) entsteht der Nutzen des Rades.
> Knete ein Gefäß aus Ton:
> Aus seinem Nichtsein (in der Höhlung) entsteht der Nutzen des Gefäßes.
> Schneide Türen und Fenster in das Haus (die Hauswand):
> Aus ihrem Nichtsein (dem leeren Raum) entsteht der Nutzen des Hauses.
> Darum: Das Sein der Dinge gibt uns Vorteil,
> und das Nichtsein der Dinge dient uns.
>
> (11. Kapitel des Tao-te-ching)

Der leere Raum ist der Yin-Aspekt im schöpferischen Prozeß. Er sorgt für das dynamische Gleichgewicht mit den sichtbaren Yang-Aspekten. So läßt im obigen Gedicht die Umklammerung der beiden mittleren Zeilen durch die identische Anfangs- und Schlußzeile eine eingeschlossene Leere entstehen, ein Vakuum, in dem offenbar nichts passiert ist – »nichts im besonderen« jedenfalls. Dennoch ist es dem Dichter gelungen, den beiden »leeren« Zeilen in der Mitte eine Fülle von Möglichkeiten der Einsicht mitzugeben.

Die alltägliche Welt – die Welt der zehntausend Dinge – steht niemals still. Sie ist in ständiger Bewegung, sich wandelnd und dahinfließend. Sie festzuhalten und zu fixieren wie einen Schmetterling in einem Kasten scheint auf den ersten Blick ein Widerspruch zu sein. Und doch finden taoistische Dichter irgendwie immer einen Weg, dieses Fließen mitzuteilen, diese Spannung an den Leser oder Zuhörer weiterzugeben, so daß die Menschen wirklich daran teilhaben und sie mit dem Künstler zusammen als klärenden Anstoß erfahren, der in die Zukunft weist.

Gestaltpsychologie und taoistische Kreativität

Das Auge versucht im Wahrnehmungsprozeß, alles Unvollständige zu komplettieren (siehe Abbildung 3). Die Gestaltpsychologie gründet sich auf diese menschliche Neigung, die Dinge zu sinnvollen Ganzheiten zu ordnen. Die Leere in der Mitte des Gedichtes wird ausgefüllt. Sie wird ausgefüllt mit den geistigen Vorstellungen des Lesers, ohne daß der Dichter eingreift und Hilfestellung

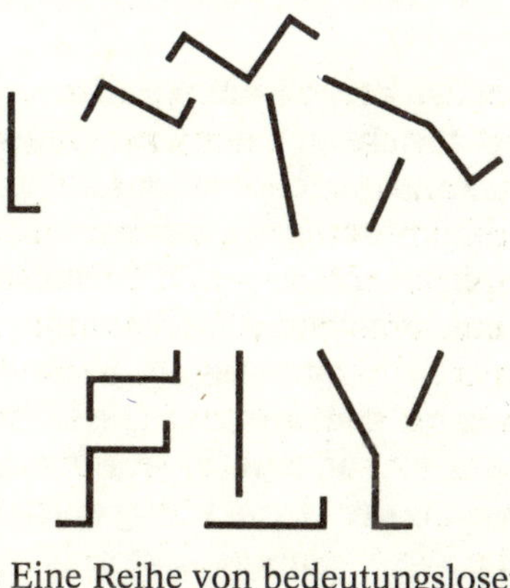

Abbildung 3: Eine Reihe von bedeutungslosen Linien und Winkeln, die, richtig zusammengesetzt, plötzlich einen Sinn ergeben: Fly.

gibt. Es entsteht eine mit Sinn erfüllte Geschlossenheit, und der Leser ist zufrieden. So verhält es sich mit allen guten taoistischen Kunstwerken, denn sie alle basieren auf der Spannung zwischen Positivem und Negativem, zwischen ausgefülltem und leerem Raum, zwischen Licht und Schatten.

In ihrem Buch *Choose Happiness* beschreibt Elizabeth Smith, wie sie während der Gestalttherapie »anfing, ein neues Bewußtsein für die Fähigkeit zu entwickeln, eine verlorengegangene, natürliche Ganzheit wiederzuerlangen ...«

Diese Beschreibung trifft ebensogut auf die Wiedererlangung des verlorengegangenen Tao zu. Und das Verdienst der taoistischen Künstler besteht darin, daß sie ihren Mitmenschen einen Einblick in das Tao geben, indem sie unzusammenhängende Teile zu einer natürlichen Ganzheit ordnen.

Das Ganze ist mehr als nur die Summe der einzelnen Teile. Das gilt nicht nur für das oben zitierte Gedicht, sondern für jedwedes schöpferische Werk im Taoismus. Ziel ist immer die Ganzheit durch Auflösung der Gegensätze.

Darin unterscheidet sich die westliche Kunst von der östlichen. Allzuoft sieht sich der westliche Mensch einem vollständigen Ganzen gegenüber, das aufgrund des handwerklichen Könnens und der künstlerischen Aussage Bewunderung verdient. Doch leider bieten solche Kunstwerke dem Betrachter wenig Interpretationsmöglichkeiten. Da gibt es kaum Spannung, die nach Auflösung verlangt, keine Leere, die eingeschlossen werden kann, kaum Andeutungen auf eine kosmische Ganzheit und wenig Ruhe, die aus der Betrachtung entsteht.

Die Stille im Zentrum

In der Tat zeichnen sich viele taoistische Kunstwerke durch ihre Ruhe aus. Das ist kaum verwunderlich, denn immer wieder geht es dabei um den Ausgleich zwischen den Gegensätzen, der zur harmonischen Geschlossenheit führt. Diese Ruhe ist die Ausgewogenheit von Yin und Yang, einerseits erreicht durch Wu-wei, andererseits durch technische Fertigkeit.

Was Wu-wei betrifft, so heißt es dazu:

> Das Tao tut niemals,
> aber alles wird durch es getan.
>
> (37. Kapitel des Tao-te-ching)

Wer ein solcher Meister des Wu-wei wird, der ist auch imstande, durch den Gebrauch von Licht und Schatten, Schwere und Leichtigkeit, Fülle und Leere die Harmonie in der Auflösung der Gegensätze zu erreichen.

Ohne harte Disziplin und Übung ist allerdings ein solches Können unerreichbar. Technische Fertigkeit, Schulung von Auge und Ohr und dergleichen sind allesamt das Ergebnis intensiver Vorbereitung und harter Disziplin. Dies ist der Yang-Aspekt des schöpferischen Prozesses, ohne den das Nichthandeln, der intuitive Yin-Anteil, nicht zum Ausdruck gebracht werden könnte.

Der schöpferische Prozeß ist nicht ganz einfach, denn die technische Fertigkeit ist für die Spontaneität des Werkes genauso wichtig wie die Kunst des Loslassens, das Wu-wei. Erst durch das dynamische Gleichgewicht zwischen beiden Kräften tritt das unbeschwerte Wesen des fertigen Kunstwerkes zutage.

Spontaneität

Ein Künstler, ob aus dem Westen oder aus dem Osten, kann sich weitgehend über Konventionen hinwegsetzen und soll seiner Spontaneität freien Lauf lassen. Ich habe schon mehrfach auf diese Spontaneität hingewiesen, durch die sich auch ein selbst verwirklichter taoistischer Weiser auszeichnet. Der Weise als Künstler scheut sich nicht, eigenwillige Mittel einzusetzen, um Zugang zu den inneren Quellen der Kreativität zu finden. Alan Watts beschreibt die Arbeitsweise des taoistischen Malers Cheng Jung folgendermaßen: Wenn dieser betrunken war, ließ er dem Yin freien Lauf; erschuf er Wolken, indem er Tusche auf seine Bilder spritzte, und Nebel, indem er Wasser ausspie. Dann stieß er einen mächtigen Schrei aus, ergriff seinen Hut und schmierte damit seine Zeichnung in groben Zügen hin. Wenn er dann wieder nüchtern war, beendete er seine Arbeit mit einem richtigen Pinsel (Yang).[18]

Spontaneität und Unkonventionalität sind typisch für den Taoismus und nicht selten auch für die Künstler in Ost und West, ungeachtet ihrer unterschiedlichen Ausdrucksmittel. Das erklärte Ziel in der Kunst ist Harmonie zwischen Yin und Yang, ganz gleich, wie sie erreicht wird. Da Taoisten und alle vom Taoismus beeinflußten chinesischen Künstler die Yin/Yang-Symbolik aus ihrer Kultur und ihrer Psychologie kennen, fällt es ihnen leicht, die beiden Elemente in ihr Werk zu integrieren.

Im Westen gelingt es nur den wirklich großen Künstlern, eine solche Harmonie im Kunstwerk zu erreichen (sie haben nämlich den Schlüssel für das Tor zur Brücke gefunden), während es den weniger Begabten wohl immer versagt bleibt. Anders verhält es sich im Osten, wo selbst die mittelmäßigen Schriftsteller, Maler und Dramatiker aufgrund des ihnen von Geburt an eingeflößten Wissens die Chance haben, eine künstlerische und kreative Ganzheit zu erlangen.

Die Regenbogenbrücke

Die schöpferische Kraft, die im Gegenüber von Gegensätzen liegt, läßt sich auch physiologisch erklären. Die einende Kraft von Yin und Yang verfügt im Gehirn über ein Organ, das zur inneren Vereinigung führt, in dem sich das Tao ausdrückt.

Physisch betrachtet, besteht das Gehirn aus zwei Hälften, zwei Hemisphären. Forschungen auf diesem Gebiet haben ergeben, daß die linke Hirnhemisphäre mehr rational und logisch denkt, während die rechte Hirnhemisphäre zum intuitiven Denken neigt. Die beiden Hemisphären symbolisieren Yang und Yin, den azurblauen Drachen und den weißen Tiger des künstlerischen Strebens.

Wenn die beiden Hemisphären harmonieren und einander ergänzen, können Verstand und Intuition kreativ zusammenarbeiten. Im reinen Yin-Modus, wenn die Intuition dominiert, ist es unmöglich, Erkenntnisse logisch zu vermitteln, so daß sie dem Betrachter einleuchten. Im rein rationalen Seinszustand ist dagegen kein Platz für intuitives Verständnis. Wenn also der schöpferische Geist voll zum Ausdruck gebracht werden soll, muß es eine Verbindung – eine Brücke – zwischen den beiden Gehirnhälften geben. Entspringt diese Brücke bloß der Einbildungskraft der rechten Hirnhemisphäre, oder existiert sie wirklich?

Allem Anschein nach ist diese Verbindung wirklich vorhanden. Je nachdem, von welcher Hemisphäre an sie herangegangen wird, heißt sie entweder *Corpus callosum* oder »Regenbogenbrücke«. Physisch betrachtet, besteht diese Verbindung aus einem dicken Strang von Nervenfasern zwischen den beiden Seiten des Neokortex. Metaphysisch und auch physisch betrachtet, befindet sie sich anscheinend dort, wo Mystiker den Sitz des »dritten Auges« sehen.

Der Künstler ebenso wie der Betrachter hat zwei Hirnhemisphären und die Regenbogenbrücke, die sie verbindet. Der Künstler, der sich mitteilen möchte (und welcher Künstler möchte das nicht), muß deshalb geschickt vorgehen und den Betrachter dazu bringen, seine Sicht von der Brücke aus zu teilen.

Ein Gemälde kann man kühl und objektiv daraufhin untersuchen, ob zum Beispiel die Perspektive und die goldene Mitte eingehalten wurden. Gedichte kann man auf das Metrum hin prüfen. In beiden Fällen wird mit diesen und anderen technischen Gestaltungsmitteln aber nicht nur der linken Hemisphäre Genüge getan; die rechte Hälfte wird ebenfalls davon beeinflußt.

Die Symbolik und die Verwendung von Archetypen sprechen dagegen besonders die rechte Hemisphäre an, können aber auch von der logischen Seite aus gewürdigt werden.

Es erfordert also großes Geschick, wenn ein kreativer Künstler den Betrachter über die Regenbogenbrücke geleiten will. Wie das geschehen kann, entscheidet der jeweilige Kulturkreis, jedoch nur bis zu einem gewissen Grad: Symbole und auch Archetypen mögen zwar von Kultur zu Kultur differieren, doch das innere Verlangen nach einem dynamischen Gleichgewicht zwischen Yin und Yang ist dem Menschen offenbar angeboren und überall anzutreffen. Somit kann der auf Kommunikation bedachte Künstler jederzeit von probaten Hilfsmitteln Gebrauch machen.

Der chinesische Künstler vertraut einfach darauf, daß der Betrachter teilhat am schöpferischen Akt. Er braucht nicht viel zu erklären, sondern nimmt einfach den Betrachter an der Hand und führt ihn auf die Regenbogenbrücke.

Yin und Yang in der taoistischen Kunst

Weil der Taoist mit dem Yin/Yang-Konzept vertraut ist, besitzt er bereits einen Schlüssel zur Regenbogenbrücke. Diesen Schlüssel könnten sich auch die Künstler im Westen zunutze machen.

Die taoistischen Künstler haben gegenüber ihren westlichen Kollegen einen deutlichen Vorteil: Sie sind sich nämlich des Zusammenspiels von Yin und Yang in allen Aspekten des schöpferischen Prozesses bewußt. Zu diesen Aspekten zählen vor allem Inspiration und technische Fertigkeit, die bei der Schaffung des Kunstwerkes in ein dynamisches Gleichgewicht treten müssen.

Für Yin und Yang, die komplementären Kräfte in der chinesischen Kultur, hat der taoistische Künstler eine Vielzahl von bildlichen Darstellungsformen.

So wird der positive Yang-Aspekt zum Beispiel durch Hengst, Drachen, Widder, Hahn, gehörnte Tiere, Berg, Jade, Sommer und Süden symbolisiert.

Yin als das Negative wird durch Pilz, wirbelnde Wolken- und Wassermassen, Tal, Norden, Vase, Pfirsich, weibliche Drachen, Pfingstrose, Fisch und Chrysantheme verkörpert.

Durch die Gegenüberstellung solcher Symbole erreichen die taoistischen Künstler, daß ein jedes das andere beeinflußt und ausgleicht und letztendlich Ruhe und Harmonie im Auge und Geist des Betrachters auf seiner Regenbogenbrücke auslöst. Diese Gegenüberstellung allein reicht aber nicht aus. Es muß auch ein Spannungselement vorhanden sein, denn die Welt der zehntausend

Dinge steht niemals still. Sie ist in ständiger Bewegung, sich wandelnd und dahinfließend wie wachsender Bambus, aufragende Berge oder tosende Gebirgsbäche.

Wie wird die Spannung erreicht? In unserem oben zitierten Gedicht wird sie vielleicht durch den Satz von der »quälenden Sehnsucht« oder durch das Bild vom Künstler, der »hinging und zurückkehrte«, erreicht. Wie aber steht es mit anderen Kunstformen?

Malerei

Chang Chung-yuan verweist auf eine Reihe von Autoren, die dem Geheimnis auf der Spur sind: »Allgemein läßt sich sagen: Wenn die linke Seite leer gelassen wird, sollte die rechte Seite massig sein ...«

»Weiße Leere ist *yang,* massige Tuschlavierung ist *yin* oder Dunkelheit.«

Die ausgewogene Verteilung von schwer und leicht, von massigen und leeren Flächen läßt das Gemälde lebendig werden. Die daraus resultierende Spannung bewirkt, daß das ganze Bild vom Lebensrhythmus erfüllt wird. »Durch das Leere kommt das Massige in Bewegung, und was massig ist, wird leer.«[19]

Diese lebendige Spannung auf Papier oder Seide festzuhalten scheint ein Widerspruch zu sein. Und doch finden taoistische Künstler irgendwie immer einen Weg, diese Spannung an die Betrachter weiterzugeben, so daß die Menschen wirklich daran teilhaben können.

Der Pinsel, der mit Tusche über Seide oder saugfähiges Papier tanzt, hilft dem Maler oder Kalligraphen dabei. In der Tat zwingt dieses Medium den Maler zu einer Unmittelbarkeit, die mangels Korrekturmöglichkeit eine kreative Spannung erzeugt. Alan Watts sagt dazu: »Zögert man, verweilt man mit dem Pinsel zu lange an einer Stelle, ist hastig oder will das Geschriebene korrigieren, treten Mängel nur allzu deutlich hervor. Wenn einer aber gut schreibt, hat er gleichzeitig das Gefühl, daß das Werk von alleine geschieht, daß der Pinsel von alleine schreibt – wie ein Fluß, der den Weg des geringsten Widerstands geht, schöne Biegungen macht.«[20] Diese Unmittelbarkeit läßt sich nicht leugnen. Wie im Leben gibt es ein Gespür dafür, daß eine einmal getroffene Wahl innerhalb der Matrix des universellen Wandels nicht mehr rückgängig zu machen ist.

Schauspielkunst

Eine moderne Macbeth-Aufführung auf einer leeren Bühne ist spannungsgeladen, wie es keine traditionelle Inszenierung erreicht. Die Schönheit und Klarheit des Shakespeare-Textes besitzen eine yang-ähnliche Stärke, die durch die leere Bühne wieder ausgeglichen wird. Somit wird dem Publikum eine Erfahrung der Harmonie zuteil, die durch die Auflösung der Gegensätze entsteht. Nach diesem Prinzip wird auch in der traditionellen chinesischen Oper vorgegangen. Die Ausstattung der nahezu leeren Bühne bleibt der Vorstellungskraft des einzelnen Zuschauers im Publikum überlassen.

Bildhauerei

Was die Bildhauerkunst mit der Kalligraphie verbindet, ist der irreparable Schaden, der bei der Ausführung angerichtet werden kann. Bei richtiger Handhabung jedoch bekommen selbst schwerste Materialien eine dynamische Kraft.

Von allen modernen Bildhauern im Westen sind Henry Moore und Alberto Giacometti vermutlich die einzigen, die diese Harmonie, die chinesische Künstler in anderen Bereichen anstreben, in ihren Werken erreichen.

Moores archaische Skulpturen vermitteln trotz ihrer Masse und Schwere eine Leichtigkeit, wenn man sie gegen den Himmel betrachtet. Zustande kommt diese Harmonie durch die Wechselbeziehungen zwischen Fülle und Leere. Giacometti erreicht denselben Einklang, wenn auch mit völlig anderen Mitteln: Seine zu Stabformen reduzierten Menschenfiguren gleichen die Schwere der Materialien, aus denen sie geformt sind, aus.

Beide Bildhauer vermitteln ein Gefühl von Spontaneität. In einer Hinsicht wachsen ihre Skulpturen aus dem Boden oder aus ihrem Sockel heraus – wo auch immer sich dieser befindet, und das zeugt vom künstlerischen Genius dieser Männer.

Anders verhält es sich bei chinesischen Skulpturen und Töpferwaren. Hier entdeckt der Künstler Formen im Material wie Drachen, wirbelnde Wolken und dergleichen – alles Versuche, in Stein oder Ton festzuhalten, was an sich nicht festzuhalten ist, so wie chinesische Maler die Wolken auf Seide bannen.

Zusammenfassung

Die traditionelle Kunst des Fernen Ostens läßt den Betrachter selten in einem Zustand des Ungleichgewichts zurück: Durch die Gegenüberstellung von Gut und Böse, Dunkelheit und Schatten, Schwere und Leichtigkeit wird fast immer das Gespür für eine zugrundeliegende Harmonie geweckt und die Wahrnehmung einer einheitlichen und zusammenhängenden Gestalt gefördert. Diese Bewußtwerdung wird ohne Mühe und Anstrengung erreicht; sie vollzieht sich so selbstverständlich wie eine Welle, die den Strand erreicht.

Auf den ersten Blick scheint ein westliches Kunstwerk dem Betrachter wesentlich mehr abzuverlangen als ein chinesisches. Es läßt weitaus mehr Raum für kritische Untersuchungen, intellektuelle Betrachtungen und gegenseitiges Abwägen. Insbesondere die modernen Kunstwerke aus dem Westen sind außerordentlich raffiniert und ausgeklügelt und verlangen größte Aufmerksamkeit. Folglich geht von der abstrakten Kunst des Westens selten diese eigentümliche Faszination aus, die taoistisch geprägte Kunstwerke aller Art auf die westliche Zivilisation ausüben. Die Menschen erkennen erstaunt, daß hier starke Kräfte im Spiel sind und daß das Kunstwerk merkwürdigerweise auch ohne die Details ein vollständiges Ganzes ergibt.

> Der Himmel tut nichts: sein Nichttun ist seine Gelassenheit.
> Die Erde tut nichts: ihr Nichttun ist ihre Ruhe.
> Aus der Vereinigung ihrer beider Nichttun
> gehen alle Taten hervor.

Die Energie des Tao ist ohne Ende. Sie fließt als endloser Strom unaufhörlich der Zukunft entgegen und ist von Augenblick zu Augenblick einem unaufhörlichen Wandel unterworfen. Dem kann man sich nicht verschließen, denn es ist ein Aspekt der Natur. Dieser Wandel ist eine unumstößliche Tatsache bei allen Erscheinungen des Universums, und er wird durch eine Reihe von dynamischen Gleichgewichtszuständen erreicht. Der Taoismus vertritt die Überzeugung, daß ein künstlerischer Ausdruck, der diese Tatsache ignoriert, keinerlei Aussagekraft hat. Das Ziel eines taoistischen Künstlers besteht also darin, Harmonie in seiner innersten Seele, seinem Geist und seinem Werk zu erreichen und diese seelisch-geistige Harmonie auch dem Betrachter seines Werks zugänglich zu machen.

Die chinesische Kunst wird im Westen bereitwilliger akzeptiert als die chinesische Medizin, als Feng-shui und dergleichen. Das liegt zum Teil sicherlich daran, daß Kunst etwas Allgemeingültiges ist, und zum Teil daran, daß sie »unwissenschaftlich« ist. Doch am ehesten wird sie noch akzeptiert, weil sie universelle menschliche Bedürfnisse nach Emotionalität und Ästhetik befriedigt. In dieser Funktion schafft sie eine sichere Brücke zwischen der östlichen und westlichen Hemisphäre.

Im nächsten Kapitel werde ich aufzeigen, wie das menschliche Sicherheitsstreben auch auf wissenschaftlichem Gebiet zu einer Begegnung zwischen Ost und West führt.

KAPITEL 7

Schwarze Löcher und Magie

Nach Einstein »ist Wissenschaft der Versuch, das Gewirr der Sinneserlebnisse mit den elementaren Begriffen des Alltagsdenkens zu verknüpfen«. Die Worte »Gewirr der Sinneserlebnisse« sprechen eine deutliche Sprache. Unklar ist nur, was in den Aufgabenbereich der wissenschaftlichen Forschung fällt und was außerhalb davon liegt, denn es gibt Denksysteme von logischer Einheitlichkeit, die die westliche Wissenschaft nicht als gültig anerkennen will.

Die Grenzen der Wissenschaft

Kann irgendeine menschliche Erfahrung aus dem Bereich der Wissenschaft ausgeklammert werden? Ralph Waldo Emerson sagt dazu: »Es zeugt von Kurzsichtigkeit, wenn wir unseren Gesetzesglauben auf die Gesetze der Schwerkraft, der Chemie, der Botanik und dergleichen beschränken.«[21] Was ist mit Kunst, Meditation, Mystik und Religion, um nur vier andere große Bereiche im Leben der Menschen zu nennen? Sie alle bestehen aus systematisierten Wissensformen mit jeweils eigenen allgemeinen Prinzipien.

In diesem Kapitel werde ich die Wissenschaft beleuchten, aber auch die Magie, denn es handelt sich dabei um einen parallel zur Wissenschaft verlaufenden und verwandten Weg, über den wir die Alltagswelt besser verstehen und kontrollieren lernen. Der Großteil der Menschheit – die »hochentwickelten« Westler eingeschlossen – glaubt, daß dies möglich ist, und handelt dementsprechend, ständig auf der Suche nach systematisiertem Wissen über die Kräfte, die ihr Leben beeinflussen. Soll diesem Wissen die Anerkennung und Bedeutung versagt bleiben?

Louis Kronenberger hat einmal gesagt: »Unser angeblich großes Zeitalter der wissenschaftlichen Forschung ist im Grunde ein Zeitalter des Aberglaubens von der Unfehlbarkeit der Wissenschaft und dem fast mystischen Glauben an ihre nicht-mystischen Methoden ...«[22] Und, so könnte man hinzufügen, ein Zeitalter, in dem sich die Menschen noch immer den vielen anderen anerkannten Möglichkeiten verschließen, das Gewirre um sie herum zu verstehen.

Nach einer Lexikon-Definition ist Wissenschaft »das Wissen, das durch Beobachtung und Erfahrung gewonnen, kritisch getestet, systematisiert und allgemeinen Prinzipien unterworfen wird, sowie auch ein Teilgebiet oder Zweig solchen Wissens und Forschens«. Wenn dem so ist, wo liegen dann die Grenzen der Wissenschaft?

Im weiteren Sinn – und ohne über den Wortlaut der gewählten Definition hinauszugehen – zählt dazu also weitaus mehr als das, was generell der wissenschaftlichen Erforschung für würdig befunden wird. Die Wissenschaft im bei uns akzeptierten Sinne setzt sich ihre Grenzen selbst, indem sie beharrlich auf »kritischem Testen« besteht, womit die Fähigkeit der Wiederholung und Messung von Umständen und Situationen gemeint ist. Es gibt aber viele Bereiche der menschlichen Forschung, zahlreiche Wissenschaften eingeschlossen, in denen dies weder möglich noch wünschenswert ist. Dazu gehören mit Sicherheit so bedeutende, angeblich unwissenschaftliche Aspekte der menschlichen Erfahrung wie das Okkulte und das Magische und nicht zuletzt auch die von den Taoisten angewandte magische Heilung mit Talismanen sowie die Behandlung der wissenschaftlich nicht nachweisbaren Meridianbahnen im Körper mit Akupunkturnadeln.

Ich behaupte, daß Magie eine Art von Wissenschaft darstellt, denn sie befaßt sich mit der Beobachtung und Systematisierung von beobachtbaren Phänomenen und sucht wie die westliche Wissenschaft nach Kontrollmöglichkeiten.

Ausgehend von Beobachtung und Erfahrung haben Taoisten ein logisch einheitliches Denksystem entwikkelt. Daß sie ihre Beobachtungen mit Begriffen wie zyklischer Wechsel und Yin/Yang-Gleichgewicht zum Ausdruck bringen, stellt ihre Glaubwürdigkeit keineswegs in Frage. Denn wir stellen fest, daß solche Schemata einleuchtende Erklärungen und praktische Hilfsmittel bei der Suche nach Wohlbefinden, Glück und einer gewissen Beeinflussung des Schicksals sein können.

Bei jeder Form von geistigem Streben geht es darum, die Welt zu verstehen, aus ihr schlau zu werden.

Die von uns Westlern angewandte Wissenschaft zur Begreiflichmachung der Welt ist eine Methode, die nur für einen winzigen Teil der Weltbevölkerung bezeichnend ist und das auch nur für einen sehr kurzen Zeitraum in unserer Geschichtsschreibung.

Die Nemesis

Tatsache ist, daß die moderne wissenschaftliche Methode im großen und ganzen vergebliche Mühe ist, denn sie trägt nur wenig zum menschlichen Glück bei und genausowenig, wenn überhaupt, liefert sie irgendwelche plausiblen Erklärungen für den Sinn des menschlichen Lebens und ähnliche Fragen, über die wir uns nach wie vor den Kopf zerbrechen.

Wir haben eine Unmenge an Werkzeugen und Techniken entwickelt, die uns ein Leben mit allem Komfort bieten, und was die Beherrschung der Technik und der Außenwelt angeht, haben wir gewaltige Sprünge gemacht. Wir lenken Autos und Raumfahrzeuge, nutzen die Sonnenenergie, den Wind und die Gezeiten und kommunizieren über weite Entfernungen mittels Nachrichtensatelliten im All. Wir stellen Theorien auf, um die Erschaffung des Universum zu erklären, und versuchen, unser Wissen über die Naturkräfte, angefangen bei Elementarteilchen bis hin zu interstellarer Schwerkraft, zu integrieren.

Doch investieren wir in gleicher Weise Zeit und Mittel, um unsere inneren Welten zu entwickeln? Wie erfolgreich sind wir, wenn es darum geht, der Allgemeinheit Gesundheit, Glück und Harmonie zu verschaffen? Wie erfolgreich sind wir bei der Beseitigung von Hunger und Armut?

Das, was wir unter Wissenschaft verstehen, ist relativ neu in der Geschichte der menschlichen Bemühungen, das zuweilen furchterregende Unbekannte der Welt in den Griff zu bekommen.

Vieles, was in der heutigen Weit schiefgeht, kann man ohne weiteres und völlig zu Recht jenen Menschen – das heißt, uns selbst – anlasten, die wir die einseitige Sicht der westlichen Wissenschaft übernommen haben, daß die Schöpfung zu unserem Wohl und zur Manipulation existiert und uns zur freien Verfügung überlassen ist. Westliche Wissenschaftler sind aggressiv. Sie müssen so sein, wenn ihnen die Auftraggeber im Nacken sitzen und auf schnelle Ergebnisse drängen, nach Möglichkeit noch in der Amtszeit der jeweiligen Regierung. Das hat zur Folge, daß die heutige Wissenschaft in den Industrienationen allzuoft gegen die Natur arbeitet und nicht mit ihr.

Der Taoismus und alle östlichen Philosophien vertreten die Ansicht, daß eine solche Ausbeutung sich negativ auf das Ganze auswirkt, daß der Mensch nicht losgelöst ist von der Natur, wenn er ihr etwas antut oder etwas aus ihr herauszieht. Er ist vielmehr ein fester Bestandteil der Natur, und alles, was er ihr antut, tut er sich selbst an.

Was würden die taoistischen Wissenschaftler/Magier zu all den schrecklichen Dingen sagen, die wir unserem Raumschiff Erde gegenwärtig antun? Sie wären mit Sicherheit gegen das Anwachsen der Agrarindustrie, denn sie sähen darin ein gutes Beispiel für so viele Dinge, die nicht glücken können. Sie würden lauthals lachen (oder weinen) über die Butter- und Weizenberge und die Weinseen, die weiterhin schamlos produziert werden, während anderswo die Menschen verhungern. Zum Glück würde ihnen ihr gesunder Menschenverstand sagen, daß solch rücksichtsloses Vorgehen nur vorübergehend ist und daß das Pendel auch wieder ins Gegenteil schwingt. Und doch würden sie die toten Kinder beweinen, die der westlichen Dummheit zum Opfer fallen.

Verwundert schütteln sie den Kopf über den Schwachsinn, nukleare und konventionelle Waffen anzuhäufen, und dabei kommen ihnen die Worte von Lao-tzu zu diesem Thema in den Sinn: »Der weichste Stoff der Welt geht durch den härtesten«, »der gute Soldat ist nicht gewalttätig«, »der große Eroberer kämpft nicht« und dergleichen. Die Yin/Yang-Spannung in der derzeitigen weltweiten Waffenkonzentration kann ihrer Meinung nach nur aufgelöst werden, wenn die Waffen gebraucht und anschließend zerstört werden oder wenn die gesamte Menschheit endlich zur Besinnung kommt.

Wie es scheint, ist die ganze Welt vom westlichen Wissenschaftsbegriff überrollt worden und geht derzeit ihrer rapiden Zerstörung durch die darauf fußende einseitige Aktivität entgegen. Was ist das bloß für eine Wissenschaft, die nicht über den Köder hinaussieht, den man ihr vor die Nase hält?

In langfristige Forschungsprojekte wird meist zu wenig investiert, während kurzfristige Forschungsaufträge, die die Möglichkeiten der gegenseitigen Zerstörung oder Übervorteilung ausloten sollen, großzügig gefördert werden. Diese Einseitigkeit wird noch zunehmen, während die westlichen Mächte schwächer werden, aufgerieben von ihrer Gier und Aggressivität, den »Standard« zu halten – übrigens ein schönes Beispiel für übermächtiges Yang, das sich selbst das Grab gräbt. Es sind die fehlbaren Menschen an der Spitze der Supermächte, die jetzt die unmittelbare Zukunft der gesamten Menschheit und des Planeten Erde in ihrer Hand haben.

Die Angst geht um, daß die Einseitigkeit behoben wird, daß ein plötzliches und vom menschlichen Standpunkt aus verheerendes Geschehen ein dynamisches Gleichgewicht herstellt. In einem Leserbrief an den *Guardian* heißt es dazu: »Die technologische Entwicklung hat den Punkt erreicht, an dem die Menschheit mehr und mehr vor einem Dilemma steht, wenn es darum geht, existentielle Prioritäten festzulegen und moralische Urteile zu fällen und danach zu handeln ... Es mag herzlos klingen, aber nicht jeder wird überleben. Entweder wir akzeptieren das als schmerzliche, aber notwendige Wahrheit und stellen uns darauf ein, oder sie wird in Form einer heilsamen Katastrophe zur Förderung des planetarischen und damit des kosmischen Gleichgewichts über uns hereinbrechen.«[23]

Genau davor fürchten sich die Menschen.

Taoistische Wissenschaft

Die taoistische Wissenschaft hat eine lange Geschichte, eine Geschichte, die geprägt ist von Toleranz und Achtung vor dem, was sie erforscht und anwendet.

Taoisten zeichnen sich durch Demut aus. Diese Demut besaßen sie schon immer, denn verglichen mit dem Kosmos halten sie sich für winzig klein, gleichzeitig fühlen sie sich aber auch ungeheuer verantwortlich für das Wohlergehen desselben. Ihre Wissenschaft basiert auf der Beobachtung und der Lenkung der Energie und ihrer Veränderungen. Diese Energie manifestiert sich als Ch'i, und die Veränderungen im Fluß des Ch'i werden durch die Verkettung von Yin und Yang im Gleichgewicht gehalten. Der Mensch hat innerhalb des Gesamtplans die Aufgabe, mitzuhelfen, daß dieses Gleichgewicht aufrechterhalten wird.

Die taoistische Wissenschaft ist demzufolge nicht weit entfernt von den alltäglichen Belangen des gemeinen Volkes. Die Chinesen sind ein überaus praktisches und nüchternes Volk, und philosophische Einblicke in das Wesen der Veränderung werden für den Mann oder die Frau auf der Straße so ausgelegt, daß sie praktischen Nutzen davon haben. Auf dem Gebiet der Medizin und der Geomantie, um nur zwei Beispiele zu nennen, haben sie Techniken entwickelt, die auf der Lehre vom kosmischen Gleichgewicht von Yin und Yang beruhen.

Bei der Akupunktur benutzen sie zum Beispiel Nadeln, um den Energiestrom im Körper anzuregen oder zu drosseln und somit eine Gesundung des Patienten herbeizuführen. Sie entwickelten den *Lo-p'an-Kompaß zur* Aufspürung des nutzbringenden Ch'i-Flusses in der Landschaft zum Schutze einzelner Menschen oder Gruppen. Das fortwährende Experimentieren und die praktische Anwendung haben im Laufe der Jahrhunderte dazu geführt, daß die Menschen Vertrauen in diese Methoden setzen, und teilweise dringt dieses Vertrauen nun auch in den Westen vor.

In der Medizin – ein Gebiet, auf das im nächsten Kapitel näher eingegangen wird – geht es letztendlich um die

Gesunderhaltung, und in diesem Zusammenhang bedeutet es dem Patienten wenig, ob ein taoistischer Talisman, ein Akupunktur-Meridian oder ein Placebo benutzt wird.

Ob das Mittel nun als Magie oder als Wissenschaft bezeichnet wird – schließlich ist Magie nichts anderes als »Wissenschaft im Experimentierstadium« –, das Ziel besteht eindeutig darin, Kontrolle über den Wechsel zu erhalten, und das ist selbst in der heutigen Zeit noch ein durchaus ehrenhaftes wissenschaftliches Ziel. Heißt es denn nicht: Probieren geht über Studieren? Ein taoistischer Wissenschaftler tut das, was sein westlicher Kollege vorhat zu tun. Er beobachtet und lenkt die inneren und äußeren Kräfte, die sich auf das Glück und das Wohlergehen der Menschen auswirken. Der Unterschied besteht darin, daß ersterer Achtung hat vor der gesamten Schöpfung und die Notwendigkeit einer maßvollen Vorgehensweise erkennt, während letzterer in seiner Überheblichkeit glaubt, grobes Ungleichgewicht lasse sich durch rohe Gewalt ausgleichen.

Jung hat den Menschen einmal als das »unvollendete Wesen« bezeichnet. Wir Menschen im Westen sind in der Tat unvollendet, unvollständig, denn wir verschwenden zu viel psychische Energie darauf, die Folgen unserer völligen Loslösung vom homöostatischen Gleichgewicht in der Natur zu bekämpfen.

Das Treffen der Geister

Quantenphysik

Blicken wir in Bereiche, die selbst für Elektronenmikroskope zu winzig sind, nämlich auf das kleinste von westlichen Physikern angenommene Wellikel (Welle/Partikel), dann schließt sich der Kreis und wir beginnen zu verstehen, daß wir uns wieder dem alten Weltbild der hinduistischen, buddhistischen und taoistischen Kosmologie nähern. Hinter den Spannungen von Yin und Yang liegt das Quantenfeld des Tao. Um es mit Capras Worten zu sagen: »Das schwingende Quantenfeld, das sich im rhythmischen Wechsel wie Yin und Yang bewegt, formt die Dinge und zerstört sie.«[24] Er vergleicht das Quantenfeld mit der kosmischen Energie Ch'i, die durch positive und negative Kräfte ständig im Gleichgewicht gehalten wird.

Künstliche Intelligenz

Mit der Erforschung der künstlichen Intelligenz könnte man zu einem weiteren Durchbruch auf der Regenbogenbrücke zwischen Ost und West kommen. Auf diesem Gebiet wird auf theoretischer wie auf praktischer Ebene enorm viel geleistet, um den Zusammenhang zwischen den physischen Funktionen des menschlichen Gehirns und deren Auswirkungen auf den Denkprozeß zu ergründen.

Da tauchen bereits Sätze wie diese auf: »Wenn sich also unsere Vorstellung vom Physischen jemals auf geistige Phänomene ausdehnt, wird man ihnen einen objektiven Charakter zuschreiben müssen – unabhängig davon, ob bei ihrer Analyse Begriffe herangezogen werden, die bereits für andere als physisch geltende Phänomene gebraucht werden. *Ich halte es allerdings für wahrscheinlicher, daß Körper/Geist-Beziehungen zum Schluß doch in einer Theorie zum Ausdruck kommen, deren grundlegendes Vokabular weder eindeutig in die eine noch in die andere Kategorie einzuordnen ist.*«[25] Der kursiv wiedergegebene Satz grenzt meines Erachtens stark an das Wellikel-Kuriosum in der Quantenphysik. Wie Heisenberg aufgezeigt hat, können die Lage und der Impuls eines Elektrons nicht gleichzeitig genau bestimmt werden. Vielleicht haben wir es ja hier mit einem anderen Aspekt der Yin/Yang-Dichotomie zu tun, die ein wesentliches Merkmal nicht nur der Physik, sondern auch des Geistes ist. Alle Gegensätze haben immer gewisse Yin/Yang-Eigenschaften. Der Beobachter des Wellikels muß einen geistigen Balanceakt vollbringen, um irgendeine Art von dynamischem Gleichgewicht zu erreichen. Das gleiche gilt auch für den, der das Körper/Geist-Kuriosum beobachtet bzw. erfährt.

Jung

Ein namhafter Denker, der die Kluft zwischen den zwei Hemisphären noch weitaus bewußter und entschiedener überbrückte, war der Psychologe C. G. Jung, und so möchte ich in diesem Kapitel kurz auf zwei seiner Theorien eingehen.

Die erste ist die Theorie vom »kollektiven Unbewußten«, die davon ausgeht, daß gewisse Urbilder (Archetypen) von zumeist religiösem Inhalt im Unbewußten nicht individuellen, sondern »kollektiven« Ursprungs sind – symbolischer Ausdruck der sich ständig wiederholenden Erfahrungen der Menschheit.

Mit seinen Ideen stieß er an die Grenzen des wissenschaftlich noch Akzeptablen, doch sie haben die Tendenz, Jahre nach ihrer Veröffentlichung wieder aufzutauchen, und das gilt besonders für sein Konzept vom kollektiven Unbewußten. Es widersprach von Grund auf den Vorstellungen der damaligen Zeit, die ganz im Zeichen der individualpsychologischen Theorien Sigmund Freuds und der Neofreudianer einerseits und der »strengen« Wissenschaftler andererseits stand. Psychologie wurde als eine Wissenschaft betrachtet, die sich mit der mikroskopisch genauen Beobachtung des isolierten Individuums beschäftigte, die aber nichts mit der Stammesgeschichte und nur wenig mit den Menschen als sozialen Wesen zu tun hatte. Es ist aber klar, daß Individuen nicht für sich allein stehen, sondern innerhalb ihrer zeitlichen und räumlichen Umwelt zu sehen sind. Jetzt, da in der Wissenschaft Ideen aufkommen, die darauf hindeuten, daß das Mythische und Mystische doch wiedergeachtet werden könnten, nimmt Jungs Einfluß beständig zu.

Die zweite seiner Theorien betrifft Phänomene, die mit Koinzidenz und Synchronizität zu tun haben.

Diese Theorie fand zu seiner Zeit auch nicht mehr Anklang als die meisten anderen seiner Forschungen, die in der Regel genau konträr zur anerkannten Wissenschaft standen, da diese sich nur mit einem begrenzten Bereich unserer Erfahrung befaßte: nämlich mit Ursache und Wirkung und mit dem, was beobachtbar und meßbar ist. Jungs Theorien von der Synchronizität wie auch vom kollektiven Unbewußten enthielten jedoch etwas Geheimnisvolles, Mythenhaftes, fast möchte man sagen, etwas Okkultes, das eindeutig die Grenzen des wissenschaftlich Akzeptablen überschritt.

Jung entwickelte sein Konzept der Synchronizität ausgehend von Beobachtungen, die er vor allem bei seiner klinischen Arbeit machte. Ein oft zitiertes Beispiel ist das einer Patientin, die von einem goldenen Skarabäus geträumt hatte. Genau in dem Augenblick, als sie Jung ihren Traum erzählte, flog ein Käfer von außen gegen das Fenster. Jung öffnete das Fenster und fing ihn ein; es war ein gemeiner Rosenkäfer, die »nächste Analogie zu einem goldenen Skarabäus, welche unsere Breiten aufzubringen vermochten«, wie er schreibt. Das Auftauchen des Käfers war für die klinische Arbeit zum damaligen Zeitpunkt sehr wichtig; weitaus wichtiger war jedoch, daß dies nur ein Fall aus einer ganzen Reihe ähnlicher Fälle war, die seiner Meinung nach über das rein Zufällige hinausgingen. In ihnen verbarg sich ein Sinn, der über das rein Rationale hinausging und die zugrunde liegende Bedeutung von Situationen betraf.

Er glaubte, in solchen Vorgängen etwas aufgespürt zu haben, das er das »Prinzip akausaler Zusammenhänge« nannte. In solchen Situationen bestand ein Sinnzusammenhang zwischen zwei Ereignissen, der offenbar über das lineare, logische, linkshemisphärische Denken hinausging. Jung glaubte, das kollektive Unbewußte sei an den synchronistischen Ereignissen beteiligt.

Sein Freund, der Quantenphysiker Wolfgang Pauli, vertrat ebenfalls die Meinung, viele parapsychologische Phänomene, einschließlich der scheinbaren Zufälle, seien die sichtbaren Spuren eines allem zugrundeliegenden, alles verbindenden Prinzips im Universum.

Im kollektiven Unbewußten hat die Gesamtheit der aufgezeichneten Menschheitsgeschichte einen gemeinsamen Grundstock, durch dessen Erfahrung alle Menschen miteinander verbunden werden und an der gemeinsamen historischen und mythischen Vergangenheit teilhaben. Die Synchronizität verbindet offenbar alle Menschen und alle belebte und unbelebte Materie miteinander, so daß alles mit allem in Beziehung steht.

Zusammenfassung

Alle diese Gedankengänge könnte man zusammenfassen mit einer Gedichtzeile von John Donne: »Niemand ist eine Insel ...« Viele, und darunter auch immer mehr strenge Wissenschaftler, kommen allmählich zu der Einsicht, daß diese poetische Aussage tatsächlich wahr ist, auch wenn ihre späte Einsicht nur auf der immer ernster zu nehmenden Erkenntnis beruht, daß der Beobachter das beobachtete Objekt auf allen Ebenen beeinflussen kann, daß kein Atom oder »Wellikel« eine Insel in sich selbst darstellt, sondern daß alle Teile des Ganzen, angefangen vom Psion bis hin zur Galaxie, zu jeder Zeit und in jeder Hinsicht in Wechselwirkung miteinander stehen.

Der westliche Wissenschaftler begreift allmählich, daß wir mehr sind als eine biologische Maschine, genau wie wir weniger sind als rein geistige Engel. Die Mechanik unseres Gehirns bringt mehr hervor als einfache Antworten, Erklärungen und Gleichungen; sie erzeugt auf für uns rätselhafte Weise Lyrik und dichterische Intuition, die gleichermaßen ihre Berechtigung haben.

Die Wissenschaftler sind dabei, den inneren Raum zu erforschen. Sie erforschen auch den Weltraum, weit über die Grenzen unseres Sonnensystems hinaus. Sie erkunden die Tiefe des Weltraums mit Instrumenten, die Strahlungen auffangen, die ihre Reise durchs Weltall lange vor dem Beginn der Menschheitsgeschichte begonnen haben. Werden sie auch herausfinden, was vor dem Urknall passierte? Die chinesischen Taoisten sind der Auffassung, daß die gesamte Schöpfung – »die zehntausend Dinge« – aus dem Tao hervorgeht und wieder dahin zurückkehrt. Falls sie die Theorie vom Urknall gelten lassen, dann würden sie darin nur ein Glied in einer Kette von Urknallen sehen. Westliche Wissenschaftler hingegen interessieren sich selten für die Sekunde vor dem Urknall. Die Sekunde davor ist für sie *Terra incognita,* ein unbekanntes, unerforschtes Gebiet, in dem vermutlich so furchterregende Monster lauern, daß man sie lieber nicht anschaut.

Dennoch gibt es einige, die sich auf die Regenbogenbrücke hinauswagen. »Wie erschafft man ein Universum? Alles, was man dazu braucht, ist die Energie einer riesigen Wasserstoffbombe, die man soweit komprimiert, daß man damit einen kleinen Teil unseres Weltalls in ein winziges Schwarzes Loch hineinzwängen kann. Ein solches Schwarzes Loch hat nur eine begrenzte Lebensdauer, denn es explodiert innerhalb von 10^{-13} Sekunden … Im Inneren des jungen Universums, völlig getrennt von unserem räumlichen und zeitlichen Denken, hätte der ganze Zyklus von plötzlicher Aufblähung, ständiger Ausdehnung, Entstehung von Galaxien und Evolution des Lebens längst seinen Lauf nehmen können, während wir uns noch immer fragen würden, ob wir ein neues Universum geschaffen haben.«[26]

Zum Glück gibt es noch Wissenschaftler, die dichterisch veranlagt sind und die von der Regenbogenbrücke Gebrauch machen.

Es vergehen Millionen von Lichtjahren zwischen dem Aussenden und dem Empfangen von Signalen aus der Tiefe des Weltalls. Trotzdem empfangen wir sie im Hier und Jetzt. So wie die Pinselführung und Inspiration eines längst verstorbenen Künstlers im Jetzt auf das Auge und das Verständnis des Betrachters trifft und die Gegenwart durchdringt, verhält es sich auch mit dem Impuls von einem fernen Stern. Er trifft das Jetzt des Beobachters auf der Erde und durchdringt es. Für einen Beobachter ist der Urknall nicht weiter oder näher entfernt als ein Ereignis, das eine Sekunde (oder 10^{-13} Sekunden) zuvor stattgefunden hat. Die freudige Erregung, die der Astronom oder der Futurologe bei einer Entdeckung verspüren, wird immer nur im gegenwärtigen Augenblick erfahren. Im Tao gibt es weder Vergangenheit noch Zukunft, nur ein ewiges Jetzt.

Das menschliche Gehirn verfügt über zwei Hemisphären. Wie wir bereits wissen, konzentriert sich die linke Hirnhemisphäre auf das analytische und lineare Denken, während die rechte Hemisphäre für die Gefühle, das spielerische Denken und die Intuition verantwortlich ist. Die besten Wissenschaftler sind folglich jene, die die Verbindung zwischen den zwei Hemisphären herstellen, das heißt, die Regenbogenbrücke überqueren. Die besten

Wissenschaftler würden gar behaupten, daß es ohne diese Überquerung keine Wissenschaft gibt. Es mag zwar Technologie und angewandte Wissenschaft geben, aber keine Entdeckungen und kein Überschreiten der Grenzen.

Die ausgewogene Verbindung zwischen grundlegenden Fakten und mythischem Sinn kann also nur auf der Regenbogenbrücke gefunden werden; und dabei verwandelt sich das Laboratorium in ein Zauberschloß.

Aleister Crowley sagt dazu: »Die Magie hat die Welt bereits vor Anbeginn der Geschichte geführt, und sei es auch nur aus dem Grund, daß die Magie schon immer die Mutter der Wissenschaft war.«[27] Die Magie ist in beiden Hemisphären zu Hause. Sie beobachtet und analysiert und läßt auch den Einfluß der Intuition und der alten Volksweisheit zu. In Verbindung mit Mythen und Religion zeigt sie vielleicht einen Weg auf, den der Westen wiederentdecken sollte, damit das Gleichgewicht zwischen Yin und Yang wiedererlangt wird, wie es sich bereits in der Medizin, dem Thema des nächsten Kapitels, abzeichnet.

KAPITEL 8

Medizin

Nach Schätzungen der Weltgesundheitsorganisation vertrauen weltweit vier von fünf Menschen noch immer auf die traditionelle Medizin.

Vor noch gar nicht allzu langer Zeit, vor etwa zwei- oder dreihundert Jahren, bediente sich die Medizin der Mythen und der Magie gleichermaßen wie der Wissenschaft, das heißt, sie verwendete Heilkräuter, Talismane und Zaubersprüche ebenso sehr wie das Skalpell.

Die heutige Medizin, insbesondere die westliche Medizin, baut hingegen auf die Technik, und zwar in einem solchem Maße, daß sie in ihrem Übereifer das Gute zugleich mit dem Schlechten verwirft. Das liegt an ihrer beschränkten Sichtweise des Körpers, die größtenteils nur das erfaßt, was real beobachtbar ist.

Bei nur etwa 20% aller Patienten müssen akute Erkrankungen behandelt werden. Diesen Menschen verschafft die moderne Technologie eine Linderung ihrer Beschwerden, die früher nicht möglich war. Doch »die meisten Chirurgen bedienen sich der Technik des Raumzeitalters, um unsere Körper, an denen wir Raubbau getrieben haben, wieder zusammenzuflicken und um die durch die moderne Ernährung und Lebensweise bedingte Zerstörung des Körpers wettzumachen«.[28] Die restlichen 80% kommen in der Regel auch ganz gut ohne die technisierte Medizin zurecht, sie können sich ruhig an die oft altmodischen Behandlungsmethoden halten, sowohl zur Vorbeugung als auch zur Heilung.

Das Yin-Yang-Pendel schwingt: Viele Westler haben zu Meditation, Geisteskontrolle, gesunder Ernährung, östlichen Religionen und kosmischem Bewußtsein zurückgefunden, denn sie sehen darin probate Mittel, um gesund und fit zu werden und auch auf Dauer zu bleiben. Dies mag mit einer Rückkehr zu Mythen und Magie gleichgesetzt werden – warum auch nicht, wenn körperliches und geistiges Wohlbefinden dabei herausspringt? Ermutigend ist hierbei die Tatsache, daß sich am Rande der westlichen Medizin eine umfassendere Sichtweise abzeichnet, in der sich das Beste aus Ost und West miteinander verbindet. Dieser Sichtweise zufolge besteht der Körper in erster Linie aus immateriellen Energiefeldern.

Taoistische Physiologie

Die anatomische Topographie der Chinesen ähnelt der hiesigen zwar in vieler Hinsicht, weist aber in manch anderer Hinsicht auch gewaltige Unterschiede auf.

Diese Unterschiede zeigen sich deutlich in der chinesischen Auffassung des Wortes »Organ«. Nach westlicher Vorstellung bezieht sich »Organ« auf einen konkreten Gegenstand im Körper. Der traditionellen Medizin Chinas zufolge umfaßt der Begriff »Organ« jedoch weit mehr als eine rein physische Identität. Was der chinesischen Vorstellung am nächsten kommt, ist die westliche Vorstellung von bestimmten Bereichen des Gehirns als einem »Organ«, der geistigen und moralischen Qualitäten.

Analog dazu wird in China ein Organ entsprechend seiner Rolle definiert – nämlich inwiefern körperliches (kosmisches) Ch'i darin gespeichert, umgewandelt und verteilt wird. Ein solches Organ kann, muß aber nicht unbedingt, eine physische Entsprechung haben. Ein Beispiel für ein chinesisches Organ ohne körperliche Entsprechung (das demzufolge in der westlichen Medizin ignoriert wird) ist der »Dreifache Erwärmer«. Dieses nicht greifbare Organ reguliert die meisten physischen Organe des Körpers (setzt sich aber nicht aus ihnen zusammen), indem es dafür sorgt, daß die innerhalb des Körpers erforderlichen Energieumwandlungen und die Wärmeregulation stattfinden. Ihm obliegt also eine »einheitliche Ausgleichs- und Kontrollfunktion«.

Die Vorstellung eines Organs ohne physische Entsprechung behindert den taoistischen Arzt nicht in seiner Tätigkeit. Er geht bei der Behandlung davon aus, daß der Körper ein komplexes Gebilde aus Energiefeldern ist. Das aus der Begegnung des Taoismus mit dem Buddhismus entstandene höchst abstrakte Prinzip »Form ist Leere und Leere ist Form«, fiel bei den Ärzten auf fruchtbaren Boden, und sie machten es sich rasch zu eigen.

Analog zu diesen Organen gibt es Akupunktur-Meridiane, die ebenfalls keine körperliche Entsprechung haben. Die alten Chinesen erkannten ebenso wie einige andere Völker dieser Erde, über die wir kaum etwas wissen, daß organische Erkrankungen oft schmerzende Stellen bzw. Punkte auf der Haut hervorrufen, die nach erfolgter Behandlung wieder verschwinden. Des weiteren fanden sie heraus, daß sich eine Beruhigung oder Stimulierung bestimmter Hautpunkte auf die Funktionsweise der inneren Organe auswirkt. In langjähriger Beobachtung von Behandlung und Körperreaktion gelang es ihnen, alle diese Punkte kartographisch zu erfassen, allein vierhundert davon im Kopf. Sie verbanden sie miteinander und erhielten so die Meridianbahnen, in denen das Ch'i zirkuliert.

Da Ch'i nach taoistischer Auffassung eine kosmische

Energie ist, schlußfolgerten sie, daß die Meridiane die Organe nicht nur miteinander, sondern jedes einzelne auch mit dem Universum verbinden. Somit ist das Gleichgewicht des menschlichen Körpers ein Teil des gesamten kosmischen Gleichgewichts.

Dynamisches Gleichgewicht

Wir sind keine Maschinen, so sehr sich die medizinischen Technokraten über diese Tatsache auch ärgern mögen. Wir sind vielmehr äußerst komplexe Kreaturen, und das nicht nur im physischen Sinne, sondern auch im geistigen und spirituellen Sinne. Auch westliche Vertreter alternativer Behandlungsmethoden verstehen uns Menschen als komplexen Energiefluß. Für sie bestehen wir aus einer »elementaren Basis-Linien-Aktivität« und haben Anteil an ätherischen Kraftfeldern, die Körper, Geist und Seele umfassen. Das alles klingt sehr nach Ch'i.

Wie groß der Realitätsgehalt dieser Vorstellungen sein mag, fest steht, daß alles Lebendige, um überleben zu können, auf Systeme der Homöostase angewiesen ist. Das Leben ist keine Aneinanderreihung von statischen Zuständen, sondern eine ständig wechselnde Folge von Ereignissen, die als Fluktuationen zwischen komplementären Prozessen auftreten. Nach taoistischer Auffassung ist fortwährende Harmonie des Menschen oder auch nur seine Existenz ebenso wie die des Universums nur dann möglich, wenn das homöostatische Yin-Yang-Gleichgewicht, geregelt durch die fünf Wandlungsphasen in der Natur und im Menschen, aufrechterhalten wird.

Gesundheit

Durch die Meridiane fließt ständig Ch'i, und unsere körperliche Unversehrtheit und unser Wohlbefinden sind abhängig von der Beschaffenheit des Ch'i-Flusses. Fließt die Energie ungehindert durch die Meridiane und befinden sich die einzelnen Organe im Gleichgewicht von Yin und Yang, dann ist der Mensch gesund.

Umgekehrt ist Krankheit die Manifestation einer Energiestörung im Körper, durch die er aus dem Gleichgewicht gerät. Ist der Ch'i-Strom zu stark oder zu schwach, entstehen krankhafte Zustände.

Unter den westlichen Behandlungsmethoden gibt es einige, die mit Kanonen auf Spatzen schießen: So zum Beispiel die Megavitamin-Kur aus der alternativen Medizin, bei der Vitamine in derart extrem hohen Dosen verabreicht werden, daß beim Patienten Störungen oder Schädigungen auftreten können. Das gilt auch für den in der Regel übermäßigen Gebrauch von starken Arzneimitteln in der Allopathie.

Ein solcher Mißbrauch wird insofern gefördert, als das westliche Medizinstudium einen angehenden Arzt darin bestärkt, Krankheit in erster Linie nach den beobachtbaren Kriterien zu beurteilen. Der Arzt stellt eine Diagnose, indem er sozusagen die »Installation« des Körpers überprüft. Eine solche Diagnose muß jedoch unvollständig bleiben, denn im Gegensatz zur Hauswasserversorgung wird unser Körper auch von Geist und Seele beeinflußt. Wie wichtig der Geist für die Gesundheit des Körpers ist, das beweist zum Beispiel Maxwell Maltz in seinem Buch *Erfolg kommt nicht von ungefähr – Psychokybernetik* oder auch Shakti Gawain in ihrem Buch *Stell dir vor – Kreativ visualisieren.*

Dem Geist fällt die wesentliche Rolle zu, das Ch'i zu lenken. Dadurch nimmt er direkten Einfluß auf die dynamischen Prozesse in den Organen und Meridianen. Mißbrauch des Körpers führt zu einem gestörten Gleichgewicht. Der Westen kennt einige alternative Behandlungsmethoden, die die Disharmonie zwischen Körper und Geist wieder zu beheben versuchen. Dazu zählt die Alexander-Technik, die durch Beobachtung und sanfte Massage zur Korrektur von Haltung und Bewegungsabläufen führt und damit zu einer natürlichen körperlich-seelischen Einheit.

Der Energiestrom im Körper wird aber nicht nur die bewußten und unbewußten Gedanken beeinflußt, sondern auch durch die persönlichen Empfindungen. Wird ständig eine bestimmte Gefühlsregung oder Sehweise an den Tag gelegt, wie beispielsweise in einer Neurose, kann es bei einem damit zusammenhängenden Organ zu einer Überreizung oder Überlastung kommen, was zu Schwächen, Unausgewogenheit und Blockaden innerhalb des Meridiansystems und in der Folge zu psychosomatischen Krankheiten führt.

Oft wird der Energiekreislauf auch dadurch beeinträchtigt, daß Denken und körperliche Aktivität nicht übereinstimmen. Dazu gehört zum Beispiel der übermäßige Muskelstreß bei der Vorbereitung auf eine Prüfung oder vor einem wichtigen öffentlichen Auftritt. Disziplinen wie das *T'ai-chi-ch'uan* sind in dieser Hinsicht besonders wertvoll, da sie ein »Denken im Hier und Jetzt« unterstützen und fördern.

Diagnose

Krankheit, ganz gleich welcher Ursache, deutet immer darauf hin, daß der Energiefluß korrigiert werden muß, damit Körper und Geist wieder ins Gleichgewicht kommen. Je früher die Diagnose gestellt wird, desto besser, und in vielen Fällen läßt sich eine solche Energiestörung relativ frühzeitig feststellen. Zu diesem Zweck fühlt der taoistische Arzt den Puls. Er benutzt dazu drei Finger. Mit diesen drei Fingern kann er an jedem Handgelenk sechs Pulsstellen fühlen, insgesamt also zwölf entsprechend der Anzahl der Meridiane.

Wenn er an diesen zwölf Stellen den Puls fühlt, erkennt er die Beschaffenheit von Ch'i in jedem Meridian und kann aufgrund von Unregelmäßigkeiten Krankheiten feststellen, noch bevor sie zum Ausbruch kommen. Taoistische Ärzte behaupten sogar, unter Zuhilfenahme des Pulses die komplette Anamnese eines Patienten erstellen zu können.

Zur Vorbeugung gegen Krankheiten muß das körpereigene Ch'i richtig gelenkt werden. Nach dem Pulstest und nach einer allgemeinen Untersuchung und Befragung des Patienten hält sich der Arzt, soweit es geht, an den Grundsatz des 54. Kapitels im Tao-te-ching:

> Das, was still liegt, ist leicht zu halten;
> das, was noch nicht offenbar ist, ist leicht zu verhüten;
> das, was spröd ist (wie Eis), schmilzt leicht;
> das, was winzig ist, wird leicht zerstreut.
> Besorge ein Ding, bevor es da ist …

Wiederherstellung des Gleichgewichts

Die Vorbeugung und Heilung der Krankheiten durch Lenkung des Ch'i erfolgt wiederum mit Hilfe der Meridianbahnen, auf die man jedoch nicht direkt einwirken kann. Die einzigen Stellen, an denen der Energiestrom wirksam und vorhersagbar kontrolliert werden kann, sind die Akupunkturpunkte. Ihr Name rührt daher, daß die traditionelle Heilbehandlung hauptsächlich durch

Einstich (Punktur) mit feinen Nadeln erfolgt. (Interessant ist in diesem Zusammenhang die Tatsache, daß in einem abgelegenen Teil Brasiliens die Indios Blasrohre benutzen, mit denen sie winzige Pfeile in Hautpunkte schießen, die den chinesischen Akupunkturpunkten ähneln.)

Die Akupunkturpunkte können aber außer durch Einstiche auch durch Akupressur, Massage oder Wärmebehandlung angeregt werden. Ganz gleich, welche Methode benutzt wird, die Ziele des Arztes sind stets dieselben: Es geht darum, Yin und Yang durch Stimulierung oder Beruhigung ins Gleichgewicht zu bringen, das heißt, den Energiefluß anzuregen oder ihn zu drosseln.

Die Chinesen stehen mit ihren Entdeckungen nicht allein da. Noch heute werden in Teilen Afrikas Heilungen durch die Manipulation von Körperstellen vorgenommen. Ähnliches bewerkstelligen die Eskimos mit spitzen Steinen. Man fragt sich, ob eine ähnliche Fähigkeit früher einmal sehr viel weiter verbreitet war und warum sie nicht allgemeiner erhalten blieb.

Die Akupunktur – die Nadelung – ist eine »kalte«, durch Yin charakterisierte Heilbehandlung, die hauptsächlich zur Beseitigung von überschüssigem Yang und von Schmerzen eingesetzt wird. Zumindest in der Schmerzlinderung hat sich gezeigt, daß die Akupunktur in über 90% aller Fälle zum Erfolg führt.[29]

Bei der Akupressur – die Japaner kennen eine Variante davon unter der Bezeichnung Shiatsu – werden die Akupunkturpunkte ohne Zuhilfenahme von Nadeln behandelt. Der Akupresseur arbeitet statt dessen mit den Fingerkuppen oder Nägeln von Daumen und Zeigefinger oder mit dem Knöchel des Mittelfingers. Er benutzt manchmal auch eine stumpfe Nadel, deren Ende einem Radiergummi am Bleistift gleicht.

Aber auch mit Hilfe einer Wärmebehandlung kann der Arzt direkt auf die Akupunkturpunkte einwirken. Diese

Yang-Form der Behandlung wird hauptsächlich bei Überschuß von »kaltem« Yin angewandt. Dazu wird Beifuß *(Artemisia vulgaris)* verbrannt. In früheren Zeiten wurden die Pflanzen direkt auf der Hautoberfläche verbrannt, während man die Blätter heutzutage in einem Behältnis verbrennt und dieses dann dicht an den jeweiligen Akupunkturpunkt hält.

Die Wärmebehandlung wird oft in Verbindung mit der Akupunktur eingesetzt, um eine Feinabstimmung des Energiestromes zu erzielen.

Bestimmte Meridiane und viele der Akupunkturpunkte werden inzwischen auch von der westlichen Medizin anerkannt. Vermutlich hat es aber weltweit schon immer Menschen gegeben, die auf die Akupunkturpunkte eingewirkt haben. Es wäre auch sehr verwunderlich, wenn sich die Entwicklung der Humanmedizin in den unterschiedlichen Teilen der Welt nicht überschnitten hätte. Was die traditionellen Heilmethoden anbelangt, so kann man jedoch zu Recht behaupten, daß diejenigen, die wir den Taoisten verdanken, am besten systematisiert waren und auch heute noch sind.

Kräuterkunde

Heilpflanzen wurden bereits in frühester Zeit als natürliche Heilmittel in der traditionellen Medizin verwendet. Nach eingehender Erforschung werden diese Pflanzen heute auch in der westlichen Medizin wieder ergänzend herangezogen. Ihre Verwendung hat aber nicht nur in China, sondern weltweit eine lange Tradition. Die bekannteste Heilpflanze aus dem ostasiatischen Raum ist zweifellos der Ginseng, dem wahre Wunderkräfte nachgesagt werden. Es handelt sich hierbei um eine starke Yang-Wirkung, die dazu benutzt wird, die durch einen

Überschuß an Yin verursachte Trägheit zu behandeln. Ginseng verbrennt die Schlacken im Körper und mobilisiert somit den Ch'i-Fluß entlang der Meridiane und Organe. In dieser Hinsicht gleicht seine Einnahme der Wärmebehandlung. Sportler und Astronauten verwenden Ginseng zur Steigerung ihrer Energiereserven. Die Chrysantheme hingegen hat eine »kalte« Yin-Wirkung und wird gewöhnlich zur Fiebersenkung eingesetzt. Von Heilpflanzenmischungen, auch unter Verwendung von Giftpflanzen, wird ebenfalls häufig Gebrauch gemacht. Eine dreitausendjährige Erfahrung hat die chinesischen Ärzte gelehrt, die richtigen Kombinationen zusammenzustellen, so daß sogar die toxischen Wirkungen bestimmter Pflanzen neutralisiert werden können.

Die chinesischen Arzneimittelverzeichnisse gehen zurück bis in die Zeit etwa 3000 vor Christus, wie es heißt. Die Heilpflanzen wurden damals wie heute weniger zur direkten Krankheitsbekämpfung als vielmehr zur Wiederherstellung des dynamischen Gleichgewichts im Körper verwendet. Die von dem Kräuterkundler Li Chih Shen im 16. Jahrhundert aufgestellte Heilpflanzenliste wird noch heute in China benutzt und heute mit Unterstützung der Weltgesundheitsorganisation, der Ford-Stiftung und ähnlicher Institutionen auf den neuesten Stand gebracht.

Atmung

Zur Heilung und zur Vorbeugung gegen Krankheiten bedarf es nicht immer der Hilfe eines Arztes. Viele Leute bleiben kerngesund oder werden schnell gesund, auch wenn alle anderen in ihrer Nähe mit einer Grippe darniederliegen. Eine solche Heilung findet entweder ganz von selbst statt oder mittels Selbsthilfe-Methoden, wozu auch Atemübungen und Diäten gehören.

Die Taoisten kennen vierzig verschiedene Atemtechniken. Bei einigen dieser Techniken geht es darum, wieder einen klaren Kopf zu bekommen, andere zielen auf eine Steigerung der sexuellen Energie ab, und wieder andere sollen Wunden heilen und Krankheiten kurieren. Sie alle basieren auf Yin und Yang, auf den Gesetzen des zyklischen Wechsels und nicht zuletzt auf der geistigen Anteilnahme.

Eine große Rolle spielt in diesem Zusammenhang die Visualisierung des Energiestroms entlang der Meridiane und Glieder. Eine solche Autosuggestion wird mittlerweile auch im Westen als sehr nützlich erachtet und findet ihren Ausdruck im Autogenen Training und ähnlichen Übungen, die eine Ruhigstellung von Körper und Geist durch Entspannungsübungen, Meditation und dergleichen anstreben. Solche Selbsthilfe-Methoden erfordern nicht unbedingt eine Kenntnis der Akupunkturpunkte und Meridiane, obgleich sie effektiver sind, wenn diese bekannt sind. Vor allem ist es die Kraft des Geistes im Visualisieren des Energiestromes und Lenkens des Atems, die die Wirksamkeit solcher Methoden erhöht.

Ernährung

Die Nahrung, die wir zu uns nehmen, hat sich in den letzten hundert Jahren tiefgreifend verändert. Was heute noch als ausgewogene Ernährung angesehen wird, das kann unter Umständen genau das Gegenteil sein, denn wir wissen leider viel zu wenig über die Auswirkungen bestimmter Stoffe und Zusatzstoffe in unseren Nahrungsmitteln. Von allen Dingen im menschlichen Leben wirkt sich aber die Ernährung am deutlichsten auf unsere Gesundheit aus.

Bei der Makrobiotik handelt es sich um eine nichttaoistische Ernährungsweise, die auf dem Yin-Yang-Prinzip basiert und die von dem japanischen Philosophen George Ohsawa entwickelt wurde, der sich damit selbst von Tuberkulose heilte. Ohsawa zufolge wird jedes Nahrungsmittel nach verschiedenen Faktoren von Wachstum und Struktur in Kategorien von Yin und Yang eingeteilt. Zu den Yin-Nahrungsmitteln zählen Getränke und Früchte, süße, saure oder scharfe Nahrungsmittel und solche von offenporiger Struktur. Sie sind grün, blau oder violett. In die Yang-Kategorie fallen Nahrungsmittel tierischer Herkunft, Getreidekörner und einige Gemüsesorten. Sie sind hart und fest und rot, orange oder gelb. Anhänger der Makrobiotik stimmen mit den Taoisten darin überein, daß Krankheiten durch ein gestörtes Gleichgewicht zwischen Yin und Yang im Körper verursacht werden.

»Wir Westler essen zuviel Eiweiß, zu wenig ballaststoffreiches Getreide, zuviel denaturierte Nahrungsmittel, zuviel Zucker und überhaupt viel zuviel von allem. Die Makrobiotik korrigiert dieses falsche Eßverhalten …«[30] Die Makrobiotik ist mehr als nur eine Ernährungsweise und mehr als eine alternative Medizin: Sie ist ein moderner »Way of Life« mit stark taoistischem Einschlag.

Es gibt eine taoistische Diät, die sich zum Teil mit Ohsawas Makrobiotik deckt, aber auch den zyklischen Wechsel und die Fünf Elemente berücksichtigt. So werden etwa saure Nahrungsmittel für die Leber empfohlen, scharfe Speisen für die Lungen usw. Ein idealer Speiseplan enthält alle fünf verschiedenen Kategorien der Nahrung: sauer, bitter, süß, scharf und salzig, die mengenmäßig auf die Bedürfnisse des einzelnen abgestimmt werden. Nahrungsmittel, die das System aus dem Gleichgewicht bringen können, sind stark fetthaltige, kalte und rohe Nahrungsmittel sowie sehr flüssige und sehr trockene oder übermäßig bittere Nahrung.[31]

Eine richtige taoistische Diät *(Ch'ang-Ming)* ist sehr streng. Grundsätzlich verboten sind alle industriell vorgefertigten Getreideprodukte, Tiefkühlkost, Kaffee, Alkohol, Tabak, Schokolade und andere Süßigkeiten, Gewürze, Steinsalz, Senf, Pfeffer, Essig, Pickles, Curry, Rind- und Lammfleisch, Lachs, Thunfisch, Makrele, Haifisch, Schwertfisch und Wal, Zucker, Eiscreme, Gelees, künstliche Fruchtsäfte, Kartoffeln, Tomaten, Auberginen, Rhabarber, Spinat, Fleischextrakte, Suppen und Soßen, Käse, Milch, Butter, gekochte und gebratene Eier, Schweineschmalz und andere tierische Bratenfette sowie fettes Geflügel und alle fetten Fischsorten.

Es wird behauptet, daß sich nach dreijähriger strikter Einhaltung dieser Diät das Gewebe von Organen, Fleisch und Muskeln von Grund auf erneuert hat. Nach zehn Jahren sollen sich angeblich alle Nägel, Zähne und Knochen erneuert haben.[32]

Magie

In diesem Zusammenhang ist noch eine weitere ärztliche Behandlung erwähnenswert, und zwar der Gebrauch von magischen Talismanen. Diese Methode ist zwar längst nicht mehr so verbreitet wie früher, aber es ist durchaus möglich, daß sie wieder in Mode kommt, und sei es nur aufgrund der wachsenden Erkenntnisse über Placebos. Aus umfangreichen Studien geht hervor, daß es bis zu 60% der Patienten besser geht, wenn ihnen völlig wirkungslose Tabletten verabreicht werden. Manche Beobachter glauben allerdings, daß diese Medikamente doch nicht ganz unwirksam sind, denn sie halten es für möglich, daß ein fähiger Arzt diesen Pillen eine Art von heilendem Energiemuster aufdrücken kann. Interessant ist in diesem Zusammenhang, daß Radionik-Therapeuten davon ausgehen, daß solche psychischen Heilenergiemuster tatsächlich auf die Energiefelder des Körpers einwirken.

In seinem Buch *Tao Magic* beschreibt Laszlo Legeza ausführlich die Behandlung eines Kranken mit einem Talisman. Hier eine kurze Zusammenfassung:

Der Patient nennt dem taoistischen Arzt seine Symptome und wird dann vor das Bildnis des Gelben Kaisers geführt, vor dem er sich viermal verbeugt. Der Arzt sagt sieben Zauberformeln auf, die von der Herstellung des Talismans handeln und der Anrufung der Geister aus dem zuständigen medizinischen Bereich dienen. Dann malt der Arzt den Talisman, während er stumm immer wieder den Heilungsgesang des Gelben Kaisers wiederholt. Sobald er fertig ist, schreibt er »*Chih-ling*« (was »zum Kommen bewegt« bedeutet) oben auf das Papier und sprenkelt drei Tropfen Wasser darüber, dann nimmt er einen Mund voll und sprüht ihn über den Talisman, den er soeben geschaffen hat. Darauf sagt er den Zauberspruch vom heilenden Geist auf, klickt als Pausenzeichen dreimal mit den Zähnen, verbeugt sich, nimmt den Talisman auf und zieht sich zurück. Zum Schluß wickelt er den Talisman in weißes Papier ein und überreicht ihn dem Patienten unter dem Hinweis, wie er ihn zu verbrennen hat (um ihn zu den Geistern zu schicken) und welche Medikamente er außerdem einzunehmen hat. Der Patient muß den Talisman sodann in seiner linken Hand nach Hause tragen.[33]

Bevor wir über diese Geschichte spotten, sollten wir uns klarwerden über unsere eigenen verborgenen Gefühle gegenüber dem Arzt und der allgegenwärtigen Macht der Medizinbücher und Instrumente im Behandlungszimmer des Arztes.

Zusammenfassung

Wie weiter oben erwähnt, könnte man Wissenschaft definieren als »Wissen, das durch Beobachtung und Erfahrung gewonnen, kritisch getestet, systematisiert und allgemeinen Prinzipien unterworfen wird«. Die Chinesen würden zu Recht behaupten, daß sie mit der Erforschung dieser immateriellen Ch'i-Ströme als Mittel zur Erlangung innerer und äußerer Harmonie solche Kriterien erfüllt haben, manchmal sogar auf dem Operationstisch, mit Sicherheit aber in der Arztpraxis, in Atemübungen, in der Diät und dergleichen.

Es soll gar nicht behauptet werden, daß die chinesische Medizin besser ist als die westliche. Beide sind das Produkt unterschiedlicher Kulturkreise, wobei die westliche Medizin natürlich viele Merkmale der technologischen Gesellschaft trägt, aus der sie stammt. Das war jedoch nicht immer so. Vor noch gar nicht allzu langer Zeit stand auch die westliche Medizin noch unter dem mythischen und magischen Einfluß, wie er für die traditionelle östliche Medizin kennzeichnend ist. Es ist nur schade, daß die Chinesen bis zu einem gewissen Grade und die Dritte Weit generell auf dem besten Wege sind, die westlichen Methoden zu übernehmen. Geblendet von der Technologie, laufen sie Gefahr, ein Großteil ihres wertvollen Kulturerbes zu verlieren. Andererseits ist es ermutigend zu sehen, daß im Westen eine wachsende Zahl von Menschen, Ärzte eingeschlossen, allmählich mit der Erforschung und Entwicklung von Methoden beginnen, die die komplexe Natur des Menschen weitaus besser würdigen und oft auch die geistigen und seelischen Faktoren in das Bild des gesunden Menschen miteinbeziehen. Bei dieser umfassenderen Sicht spielen die Konzepte der Energie und Harmonie, dargestellt durch Yin und Yang, eine große, und immer wichtigere Rolle.

Im nächsten Kapitel geht es um die Wege, die im geistigen und seelischen Bereich größeres Glück verheißen und die die innere und äußere Harmonie der Menschen fördern.

KAPITEL 9

Ganzheit

Seitdem der Taoismus vor etwa 3000 Jahren in der Menschheitsgeschichte auftauchte, hat er viele Entwicklungsstadien durchlaufen. Es gab Zeiten, in denen er merklich vom ursprünglichen Weg abkam und sich zu einer politischen Macht, ab und zu sogar zu einer revolutionären Partei entwickelte. Manchmal entartete er zu einer primitiven Volksreligion, die mit der alten Lehre kaum mehr als den Namen gemein hatte, dann wieder verkörperte er eine hochstehende Philosophie, die den Menschen zugleich praktische Richtlinien zur Lebensführung anbot.

Die vielfältigen Formen, in denen sich der Taoismus präsentierte, hatten jedoch eines gemeinsam: den Glauben, daß das Zusammenspiel von Yin und Yang das zugrundeliegende kosmische Gesetz ist, dem alle Veränderung unterworfen ist. Dieser Glaube gilt auch noch für die niedrigsten Formen menschlichen Handelns, denn selbst ein gewöhnlicher Dieb kann darauf hoffen, ein Räuberhauptmann zu werden, und ein Kampfsportler kann ein meisterhafter *Ning-wa*-Schläger werden, wenn sie das Zusammenspiel von Yin und Yang beobachten. Zu Weisen werden sie sich dabei nicht entwickeln, wenn gleich selbst das letztendlich nicht unmöglich ist. Aus der Beobachtung von Yin und Yang resultiert zu guter Letzt doch noch die Weisheit; man muß dem Dieb und dem Schläger nur genügend Zeit lassen.

Die Taoisten sind der Überzeugung, daß Körper, Geist

und Seele (und das Universum) nicht getrennt sind, sondern ein komplexes Ganzes darstellen. Das Studium von Yin und Yang verhilft zu persönlicher Integration, die sich innerlich im psychophysischen Organismus und äußerlich im Umgang mit anderen Menschen, allem Lebendigen und dem Universum manifestiert.

Die Menschen, so glauben die Taoisten, können die physische Umwelt beherrschen, indem sie die Kunst oder Wissenschaft des Feng-shui anwenden, das heißt, indem sie das durch die Drachenadern fließende Ch'i ins Gleichgewicht bringen. Sie sind auch der Auffassung, daß die Akupunktur und andere Methoden, die auf eine Harmonisierung von Yin und Yang im Körper abzielen, zur Gesunderhaltung beitragen.

Im Taoismus haben wir es mit zwei Dreiheiten zu tun. Zum einen gibt es die individuelle Dreiheit von Körper, Geist und Seele, zum anderen die drei Aspekte des menschlichen Universums: die physische Umwelt, die Menschen selbst und ihr soziales Umfeld. Das alles Durchdringende ist das Tao, das die Welt mit Ch'i-Energie erfüllt. Letztere wird durch Yin und Yang im Gleichgewicht gehalten und kehrt schließlich durch den Zyklus der Fünf Wandlungsphasen *(Wu-hsing)* wieder zu ihrem Ursprung zurück.

In diesem Kapitel geht es zunächst um *Zen*, die populäre ostasiatische Religion, die offenbar viel mit dem Taoismus gemein hat. Zweitens werden die Wege untersucht, durch die Taoisten ihr spirituelles Bewußtsein zu erweitern versuchen, und drittens die Mittel, durch die sie zu erfolgreicheren Mitgliedern der Gesellschaft werden. Das zweite schließt ein, daß sie Höchstmaß an spiritueller Entwicklung anstreben und dadurch versuchen, Unsterblichkeit zu erlangen. Beim dritten geht es darum, mit welchen Mitteln Taoisten ihre Gelassenheit und Selbstsicherheit in der zwischenmenschlichen Interaktion beibehalten und wie dies durch die Selbstkultivierung im *T'ai-chi-ch'uan* erreicht werden kann.

Zen und Taoismus

Was hat der Taoismus jenen Menschen im Westen zu bieten, die eine Bewußtseinserweiterung anstreben? In den städtischen Tempeln Chinas ist der Taoismus oft verfälscht worden, und dieser volkstümliche Taoismus hat mit dem ursprünglichen Taoismus offensichtlich nur noch wenig gemein.

Vielleicht stellt sich die Frage ja gar nicht, denn viele behaupten, daß der Taoismus den Westen längst erreicht hat, nicht nur über die Kampfkünste und die Akupunktur, sondern auch über den Zen-Buddhismus. Es gibt gute Gründe, die dafür sprechen. So finden sich zum Beispiel auffallende Ähnlichkeiten in den Praktiken, die zu Spontaneität im Handeln führen, einem der höchsten Ziele sowohl im Zen als auch im Taoismus. Außerdem verbindet sie eine gemeinsame Geschichte, denn Zen ist aus der Verbindung von Buddhismus und Taoismus hervorgegangen.

Aus Indien kommend, erreichte der Buddhismus im 1. Jahrhundert nach Christus China. Zuerst wurde er heftig abgelehnt, was vielleicht auf die rituelle Bettelei der Mönche zurückzuführen war, die dem chinesischen Glauben an das persönliche Streben so deutlich widersprach. Doch gegen Ende des 6. Jahrhunderts hatten sich viele der indischen Schulen des Buddhismus in China etabliert und trugen zweifelsohne zu den bestehenden Spannungen zwischen dem anspruchsvollen Verhaltenskodex des Konfuzianismus und der komplementären Freiheit des Taoismus bei.

Man kann sich den Taoismus als Bach vorstellen, der

gelassen dahinfloß und sich seinen Weg zwischen den Felsen des Konfuzianismus und des indischen Buddhismus suchte. Was ihn mit dem Konfuzianismus verband, war das Wissen um das Tao und das geheimnisvolle Wirken von Yin und Yang. Mit dem Buddhismus verband ihn eine Meditationspraxis, die sich der Vorherrschaft des Geistes bewußt ist.

Seinerseits hatte der Taoismus den Buddhisten jener Zeit allerlei zu bieten, denn jene waren zum damaligen Zeitpunkt in philosophische und psychologische Lehren verstrickt, und für gewöhnliche Anhänger der Religion auf der Suche nach Erleuchtung bildeten diese ein undurchschauliches Dickicht, so daß sie bald den Wald vor lauter Bäumen nicht mehr sahen, geschweige denn einen Weg durch den Wald hinauf zu den Bergen. In mystischer Hinsicht galt der Taoismus als respektabel, und da er im irdischen oder transzendentalen Sinne den Bezug zur Realität nicht verloren hatte, wurde er von den Buddhisten akzeptiert.

Die aufkommende Ch'an-Schule des Buddhismus sah ihr Hauptanliegen darin, sich direkt und unmittelbar der Realität zu nähern, das heißt, sie trat für ein »direktes, unmittelbares Ergreifen der Wirklichkeit« ein.

Es steht außer Zweifel, daß die Ch'an-Buddhisten der Tang-Dynastie (7. bis 10. Jahrhundert) sich das Gedankengut und den Geist von Chuang-tzu zu eigen machten. Die in seiner Lehre dargelegte Denkweise und Kultur machten aus dem theoretischen und spekulativen Buddhismus einen praktischen Glauben, der sich erst in China und später dann auch in Japan durchsetzte.

In der Nachfolge und als Reaktion auf die chinesische Ch'an-Schule bildete sich in Japan der Zen-Buddhismus, so wie auch Ch'an aus dem indischen Buddhismus hervorgegangen war. Jedes Volk fügt dem Buddhismus etwas von seiner Eigenart hinzu, und so fügte auch Japan seine

Eigenart dem Ch'an hinzu und machte aus der eher heiteren Religion eine strengere Disziplin ganz im Sinne der Japaner mit ihrer Samurai-Tradition. Es ist bekannt, daß im Zen die Erleuchtung *(Satori)* nur durch ein hartes Training erreicht werden kann, das durch »Beherrschung und Zügelung zur vollkommenen Freiheit« führt. So gesehen, war Zen für die Japaner genau das Richtige; ob es sich ebensogut auf den Westen übertragen läßt, das wird die Zukunft zeigen (wenn uns eine solche noch vergönnt ist).

Zen hat sich weit von seinen alten Wurzeln entfernt. Es erscheint daher zweifelhaft, ob der heutige Taoismus noch viel vom Zen lernen kann. Der Taoismus hingegen hat sich nicht von seinen Ursprüngen entfernt.

Unsterblichkeit

Taoisten haben ebenso wie andere Menschen das Bestreben, die höchste menschliche Entwicklungsstufe zu erreichen, das heißt, »eins zu werden mit den Göttern«. Ihr Ziel ist nichts weniger als Unsterblichkeit. Das ist keineswegs dasselbe wie »ewiges Leben« und hat auch nichts mit der Lehre von der Wiedergeburt zu tun.

Im Gegensatz zu den Anhängern anderer Religionen konnten die pragmatischen Chinesen keinen Grund dafür sehen, an ein Leben nach dem Tode zu glauben. In gewisser Hinsicht trafen sie dafür zwar umsichtige Vorkehrungen, denn sie kümmerten sich um die passende Bestattung für ihre Vorfahren, für sich selbst und ihre Familie, doch welches Leben sie in der Geisterwelt erwartete, das war für sie ein Buch mit sieben Siegeln. Aus der indischen und buddhistischen Denkweise wurde ihnen allerdings der Gedanke vertraut, daß der Mensch die Möglichkeit hat, die höchste Vollkommenheit zu erreichen, vorausgesetzt, er hat dafür genügend Zeit. Genau daran fehlte es ihnen aber, da sie ja nicht an die Wiedergeburt glaubten. Deshalb schien es geraten, den Zeitpunkt des Todes möglichst weit hinauszuschieben, ja, wenn möglich, für immer aufzuheben. Ihr Ziel war die Unsterblichkeit, oder besser gesagt, sie wollten sich einreihen in die Gruppe der »Unsterblichen«, jener sehr menschlichen neun Gestalten, die auf ewig in den Wolken leben und gelegentlich auf die Erde zu uns Menschen herabsteigen.[34] Ein Weiser zu werden ist eine Stufe auf dem Weg zur Unsterblichkeit, des höchsten Stadiums, das ein Mensch je anstreben kann.

So wurde das Interesse der Chinesen an der Alchimie geweckt, und es entstand eine typisch chinesische Variante dieser Wissenschaft.

Die Alchimie an sich ist keine ausschließlich chinesische Disziplin. Sie wird weltweit praktiziert, und es geht dabei um die Suche nach einer Pille oder Substanz, die dem Alchimisten Unsterblichkeit oder zumindest Langlebigkeit verleihen soll.

Zur Herstellung der »goldenen Pille« bedurfte es der Verbindung von Yang- mit Yin-Elementen. Schwefel galt als Yang-Element, Quecksilber wurde als Yin-Element angesehen. Nach dem Vermischen von Yin und Yang und dem Unterrühren von anderen geheimen Ingredienzien wurden die Substanzen für eine bestimmte, jedoch geheimgehaltene Zeit erhitzt und wieder abgekühlt, bis die goldene Pille fertig war, die Unsterblichkeit verleihen sollte.

Nach der Einnahme des Elixiers war der Geist bereit, mit dem reinen Geist der Leere zu verschmelzen. Man hatte damit einen Körper jenseits des Körpers erworben; man konnte diesen Körper nun nach Belieben verlassen und gleichsam »zu den Sternen auffliegen«. Dieses Fliegen war ein Bewußtseinszustand, in dem jegliches Gefühl von Subjekt und Objekt, von Himmel und Erde verschwunden war. Dort gab es nichts als reine Leere, einen grenzenlosen Ozean von Ch'i. Dieser Super-Bewußtseinszustand, diese Selbstverwirklichung, war das angestrebte Ziel der meisten Alchimisten. Es ging ihnen um eine Form von mystischer Vereinigung aller Gegensätze, um das Aufgehen im Absoluten, um eine Rückkehr zu dem, was die Chinesen als Tao bezeichneten.

Die Chinesen entwickelten eine weitere ganz besondere Methode, mit der sie die Yin-Yang-Theorie logisch interpretierten und anwandten.

Zu den Klassikern der Alchimie zählt das *Ts'an T'ung Ch'i,* ein Werk, dessen Sinn sich auf verschiedenartige Weise deuten läßt. Oberflächlich betrachtet wird darin ein alchimistischer Prozeß beschrieben, der dazu dient, unedle Metalle in Gold umzuwandeln. Auf einer anderen Ebene enthält dieses Traktat Anweisungen für die Herstellung des Lebenselixiers. Auf wieder einer anderen Ebene – und das ist das typisch Chinesische daran – beschreibt dieses Werk eine Methode, wie man den Körper mittels sexueller Praktiken in einen Geist-Körper verwandelt, der ewiges Leben genießt. In der Tat ein bemerkenswertes Buch.

Diese Methode nahm Bezug auf die Yin- und Yang-Aspekte des menschlichen Körpers und bediente sich der sexuellen Flüssigkeiten im Körper des Alchimisten. »So erkennt man, daß die Alten in Wirklichkeit mit Hilfe der in ihrem eigenen Körper vorhandenen Samenkraft langes Leben erlangten, nicht durch Verschlucken irgendwelcher Elixiere ihre Jahre verlängerten.[35] »Jedesmal wenn Himmel sich mit Erde vereinigt, mache dir selbst die geheimen Antriebskräfte der schöpferischen Aktivitäten von Yin und Yang zu eigen.«[36]

Durch das Üben äußerster Selbstbeherrschung, wozu bei Männern das Zurückhalten des Samens gehört, und durch die Anwendung geheimer Praktiken werden die sexuellen Flüssigkeiten, *Ching* oder Essenz genannt, zuerst in Ch'i und anschließend in reinen Geist, in Shen umgewandelt.

Der Weg zu zweit – die Vereinigung der Geschlechter – konnte nur dann erfolgreich beschritten werden, wenn die Partner auf die Atmung achteten und für die Ruhigstellung des Geistes und die Zügelung der Leidenschaft sorgten. Hatten die Übenden darin Meisterschaft erreicht, würden die Knochen angeblich unzerstörbar, zäh und elastisch, so geschmeidig wie die eines Säuglings. Das klang sehr nach Verjüngung.

In gewisser Hinsicht ähnelt diese Beschreibung den Praktiken des indischen Tantra. Wie bereits weiter vorne erwähnt, geht es im Tantra um die Wiederherstellung der Harmonie zwischen den männlichen und weiblichen Aspekten der großen Gottheit. Insofern lassen sich die chinesischen Praktiken möglicherweise auf den indischen Einfluß zurückführen, auf die Zeit der gegenseitigen religiösen Befruchtung, über die ich eingangs berichtet habe.

Wie dem auch sei, die Chinesen kennen viele Geschichten, in denen die Rede ist von hundertjährigen Greisen mit aufrechter Haltung, faltenlosem Gesicht, glänzend schwarzem Haar und der körperlichen Geschmeidigkeit eines Jünglings.

Interessant ist in diesem Zusammenhang auch die Tatsache, daß die erwähnte taoistische *Ch'ang-Ming*-Diät den Menschen die gleiche Verjüngung von Knochen und Organen des Körpers verspricht.

Es muß an dieser Stelle aber gesagt werden, daß alchimistische Praktiken jedweder Art im klassischen Taoismus von Chuang-tzu und Lao-tzu kaum eine Rolle spielten. Vor allem Chuang-tzu lehnte sie mit dem Hinweis ab, daß ihr Ziel begrenzt sei und nicht der darauf verwendeten Mühe lohne. Er erkannte, daß sie den Kernpunkt verfehlen, der darin besteht, daß der Weise »den frühen Tod willkommen heißt ebenso wie das Alter« und daß »die wahren Menschen der Vorzeit nicht die Lust am Geborensein und nicht den Abscheu vor dem Sterben kannten«. Und jeder, der das Tao wirklich versteht, so fuhr er fort, erfreut sich nicht am Leben, noch hadert er mit dem Tod, denn er weiß, daß beides nicht endgültig ist. Vielleicht ist darin eine Anspielung auf die Wiedergeburt zu sehen.

Diese Lebensweise – das Tao – wie sie von Chuang-tzu vertreten wurde, ist den Mystikern und Gläubigen auf der ganzen Welt bekannt. Sie beinhaltet die Ruhigstellung des Geistes, die Konzentration und die Meditation in der Stille und das Bestreben, die Ewigkeit im gegenwärtigen Augenblick zu erfahren.

Abschließend sollte vielleicht noch erwähnt werden, daß dieses Interesse an Sex, hohem Alter und Tod auch in unserer Zeit von Bedeutung sein kann, denn das alles sind Themen, mit denen auch wir uns heute maßgeblich beschäftigen. Möglicherweise finden wir hier mit taoistischen Praktiken zu einer Würde zurück, die uns verlorengegangen ist.

Das Leben innerhalb der Gesellschaft

Menschen auf der Suche nach Erleuchtung kapseln sich häufig von ihren Mitmenschen ab. Taoisten tun das nicht, denn sie wissen, daß andere Menschen für die eigene Selbstverwirklichung eine große Rolle spielen. Deshalb sind sie auch bemüht, ihre zwischenmenschlichen Beziehungen zu vervollkommnen, in dem Bewußtsein, daß jeder einzelne Teil eines universellen Netzwerkes ist. Da der Geist nicht vom Körper getrennt ist, empfiehlt sich eine sanfte Bewegungsmeditation wie *T'ai-chi-ch'uan.* Ziel dieser langsamen und anmutigen Körperübungen, die oft in den frühen Morgenstunden ausgeführt werden, wenn der Tau noch auf den Wiesen liegt, ist es, das körpereigene Ch'i derart zu lenken, daß es dem kosmischen Gesetz exakt folgt und ein dynamisches Gleichgewicht im Körper sowie eine harmonische Interaktion mit anderen Körpern hergestellt wird.

Damit ein solches dynamisches Gleichgewicht im T'ai-chi-ch'uan zustande kommt, müssen zwei wichtige Regeln befolgt werden.

Die erste dieser Regeln hat mit Energiesparen zu tun und basiert auf der taoistischen Überzeugung vom zyklischen Wechsel. Lao-tzu verweist immer wieder darauf, wenn er sagt, daß alles unter der Sonne von Geburt, Wachstum, Reife, Verfall und Tod bestimmt wird. Daraus folgt, daß der Mensch »Schnellebigkeit« vermeiden sollte. Er sollte seine Energie nie ganz verausgaben, denn auf die Fülle folgt unweigerlich der Verfall. In der Bewegung sollte der Übende daher seinen Körper nie bis an seine Grenzen dehnen, weil er sonst keine Reserven mehr hat. Auf die Kampfkünste bezogen, heißt das, daß unser Partner uns dann leicht überwältigen kann. Es ist daher ratsam, immer nur gerade soviel Energie wie nötig und nicht mehr zu verbrauchen. Wir sollen nur bis zu einem bestimmten Punkt vorgehen und uns dann wieder in unsere Mitte zurückziehen, um unsere Energie zu sammeln. Dieses Prinzip der Umkehrung beruht auf den praktischen Erkenntnissen von Yin und Yang und der Theorie vom zyklischen Wechsel. In ihrer Beziehung zu anderen Menschen sind Weise stets darauf bedacht, sich nicht zu sehr zu engagieren, sondern sich vorsichtig und respektvoll zu verhalten, nachzugeben und ihr eigenes Gesicht und das ihrer Mitmenschen zu wahren.

Bei der zweiten Regel geht es um den Stand, den einfachen Akt des Stehens. Auch diese Regel basiert auf dem Yin-Yang-Prinzip, und sie besagt, daß das Körpergewicht im Stand nicht gleichmäßig auf beide Füße verteilt sein sollte, sondern daß der Übende »wie eine Waage im Ungleichgewicht« stehen sollte. Nur so ist er bereit zu handeln. Ist der Übende hingegen »doppelgewichtig« oder »plattfüßig«, das heißt, ruht sein Körpergewicht gleichmäßig verteilt auf beiden Füßen, werden seine Bewegungen schwerfällig, und er kann nicht mehr entsprechend auf den Angriff reagieren.

Was für T'ai-chi-ch'uan gilt, das gilt auch für das tägliche Leben schlechthin. Es reicht nicht, sich auf seinen Lorbeeren auszuruhen, man muß vielmehr dafür sorgen, daß Körper, Geist und Seele ständig aktionsbereit sind. In einem solchen Zustand wird das Körperbewußtsein dazu befähigt, das Ch'i auf leichte, natürliche und sanfte Weise kontinuierlich im vollen Einklang mit den äußeren Umständen und insbesondere in Übereinstimmung mit den Mitmenschen zu lenken.

Es gibt eine T'ai-chi-ch'uan-Übung, die sich »klebende Hände« nennt, bei der die Übenden sich an den Händen berühren und so in ständigem Kontakt den Bewegungen ihres Partners folgen. Sie lernen dabei, die momentane Bereitschaft von Körper und Geist ihres Partners zu deuten. Die Art und Weise, wie eine Hand zurückweicht, zeigt eine Verlagerung des Körpergewichts oder einen Positionswechsel an, und der Übende wird sich dadurch des nahenden Angriffs bewußt und kann entsprechend reagieren. Es ist so, als lerne man, auf die nonverbalen Botschaften zu hören, die durch die Hände des Partners kommen. Durch die stete Alarmbereitschaft während der Übung bekommt der Übende ein außerordentlich waches Gespür für die Körpersprache anderer Menschen. Im fortgeschrittenen Übungsstadium wird er sich auch des Stroms der Ereignisse in seiner Umgebung bewußt, so daß er nie von irgend etwas »überrumpelt« werden kann. Ein solcher Kampfsportler oder Weiser ist immer hellwach und voll bewußt, so daß er mit allen kleinen und auch großen Überraschungen des Lebens spielend fertig wird. Bei einem Erdbeben zum Beispiel würde ein solcher Mensch zunächst still sitzen und mit hellwachen Sinnen den Strom der Ereignisse verfolgen, um entweder dem Tod auf die zweckmäßigste Weise auszuweichen oder ihm direkt ins Auge zu sehen. In dieser bewußten, ungerührten Achtsamkeit ist das deutlichste Verbindungsglied zwischen Taoismus, Ch'an-Buddhismus und Zen-Buddhismus zu sehen.

Der Übende, der T'ai-chi-ch'uan oder die Kampfkünste – oder das tägliche Leben – richtig praktiziert, kennt keine persönlichen Feindseligkeiten. Seine ganze Aufmerksamkeit gilt diesem Horchen, diesem Sammeln von Energie und dieser Aufrechterhaltung des Gleichgewichts. Ein Meister der Kampfkünste reagiert auf die Gesamtsituation: »Ich mache zum Beispiel eine Bewegung, mein Gegner tritt nach mir, und ich erkenne, daß ich seinem Tritt ausweiche. Ich bin ihm aber bereits ausgewichen, bevor ich wußte, warum. Ich habe mich einfach bewegt, während er nach mir trat und mich verfehlte.«[37] Das erinnert mich wieder an Chuang-tzus Geschichte von dem alten Mann, der in einen Wasserfall stürzte und stromabwärts unverletzt wieder auftauchte. Als er eine Erklärung dafür abgeben sollte, sagte er nur: »So wie ich in den Wirbel hineinstürzte, brachte mich der Strudel wieder nach oben ... Ich passe mich dem Wasser an, nicht das Wasser mir. Und so kann ich mit ihm umgehen.«

Taoisten sind bestrebt, ihr eigenes Ch'i unter Kontrolle zu bringen. Durch Schulung von Geist und Atmung (grobes Ch'i) werden sie befähigt, in natürlicher und völlig angemessener Weise auf äußere Umstände zu reagieren.

Kampfkunstmeister erwarten von ihren Schülern, daß sie zur »Geschmeidigkeit eines Kleinkindes« zurückfinden. Dies ist eine Anspielung auf eine Rückkehr in den Zustand des »unbehauenen Klotzes«, in dem der Geist, frei von vorgefaßten Meinungen und Absichten, ganz auf die jeweilige Gesamtsituation innerhalb des ganzen Universums konzentriert sein sollte. Im T'ai-chi-ch'uan werden die körperlichen, emotionalen, mentalen und spirituellen Energien wieder in ein dynamisches Gleichgewicht gebracht. Dies geschieht jedoch nicht durch irgendeine übermenschliche Willensanstrengung, sondern ganz spontan und auf natürliche Weise, so wie das Wasser mühelos seinen Weg den Berg hinab findet.

Zusammenfassung

Taoistische Praktiken zielen auf ein angemessenes Verhalten im privaten und sozialen Umfeld ab.

Eingedenk des Wissens, daß sie physisch, mental und spirituell mit dem Universum verbunden sind, praktizieren die taoistischen Weisen Meditation in der Bewegung, wie ihre frühmorgendlichen T'ai-chi-ch'uan-Übungen es zeigen. Die »sanfte Schulung« von Körper und Geist bewirkt, daß sie im Einklang mit den Naturgesetzen und ihrer Umwelt funktionieren. Ausgehend von der Überzeugung, daß die Gesamtheit des Universums auf alles reagiert, was die Menschen tagtäglich tun, versuchen die Taoisten, sich in vollkommener Weise allen Umständen anzupassen, einem Fluß gleich, der sich seinen Weg zum Meer bahnt.

Ganz gleich, in welchen speziellen Praktiken der Weise sich auch übt, er ist immer achtsam und darauf bedacht, Tag und Nacht, wie es bei Hua Ching Ni heißt, die acht einfachen Prinzipien zu befolgen, auf denen die taoistische Lebensart basiert. Diese lauten wie folgt: 1. früh aufstehen, 2. früh zu Bett gehen, 3. Gelassenheit üben im Sitzen, 4. Gelassenheit üben in der Bewegung, 5. auf seine Worte achten, 6. ausschweifende sexuelle Betätigung vermeiden, 7. übermäßiges Essen und Trinken vermeiden und 8. sich nie auf unnötige Aktivitäten einlassen. Über alledem steht die Konzentration auf die Stille und den inneren Frieden.

> Ehe Himmel und Erde bestanden,
> war etwas Nebelhaftes:
> schweigend, abgeschieden,
> alleinstehend, sich nicht ändernd,
> ewig kreisend ohne Unterlaß.
> Würdig, die Mutter aller Dinge zu sein.
> Ich weiß seinen Namen nicht
> und spreche es: »Tao« an.
> Und wenn ich ihm einen Namen geben muß,
> werde ich es »Groß« nennen.
>
> (25. Kapitel des Tao-te-ching)

Lao-tzu und Chuang-tzu würden sagen, die Menschen sollen nicht übereifrig streben, sondern entschlossenen das Nichthandeln (Wu-wei) praktizieren und sich dabei den Manifestationen des Tao in Yin und Yang anpassen.

Sie tun dies in der Gewißheit, daß nichts sonst getan werden kann. Das ist sicherlich nicht nach dem Geschmack der westlichen Welt. Dennoch ist es vielleicht die einzige Möglichkeit, um die Menschheit vor ihrer Vernichtung zu bewahren, und davon handelt das Schlußkapitel.

KAPITEL 10

Das Tao der Kraft

Das vorliegende Buch handelt von Veränderung und Harmonie, vom taoistischen Glauben an die Vereinigung des azurblauen Drachen mit dem weißen Tiger, aus der das kraftspendende schöpferische Prinzip entspringt – der Lebensatem Ch'i. Das Buch handelt aber auch von einem Störenfried innerhalb dieses Prozesses. Dieser Störenfried ist der Mensch, der in seinen erweiterten Gehirnfunktionen und in seinen geschickten Händen eine Kraft entdeckt hat, die ihm allem Anschein nach Macht über das Schicksal dieses Planeten verliehen hat, denn von allen Lebewesen auf Erden können nur wir Menschen eine wirksame Kontrolle über die Veränderung erlangen. Bisher waren wir der Meinung, wir hätten es ziemlich weit damit gebracht. Doch jetzt merken wir, daß unser Größenwahn auf uns zurückfällt in Form von Waffen, Umweltverschmutzung, einer zerstörten Tier- und Pflanzenwelt, klimatischen Veränderungen, verschandelten Städten und Landschaften, Hungersnöten, verantwortungslosen multinationalen Konzernen und, und, und.

Die Kraft

Der Taoismus gilt als ein möglicher Weg, uns aus diesem Dilemma herauszuhelfen, denn auch im Taoismus geht es um Kraft. Denken wir nur einmal an den Titel seines grundlegenden Werkes, des Tao-te-ching, den man übersetzen kann als »Buch vom Weltgesetz und seinem Wirken« oder einfacher als »Der Weg und die Kraft«. Dieses Buch liefert viele praktische Hinweise, wie Menschen zur Harmonie mit der kosmischen Kraft finden können. Die Kraft des Universums zeigt sich überall: vom Donner eines Erdbebens bis zum Herunterfallen einer Eichel, von der Entstehung eines Schwarzen Loches bis zur Existenz eines subatomaren Partikels.

Die Menschen, selbst ein Teil der Natur, sind ebenfalls dieser Kraft ausgesetzt und haben Zugang zu ihr. In der Vergangenheit waren sie sich ihrer Verbundenheit mit der Natur bewußt und wichen selten weit von den natürlichen Wegen ab. Aufgrund der natürlichen Abläufe konnten sie mit der Stärke des Yang vorwärtsschreiten und sich mit der Flexibilität des Yin zurückziehen, wo es erforderlich war. Heute hingegen fühlen sich die Menschen übermäßig zur Kraft des azurblauen Drachen hingezogen und schaden damit nur sich selbst und ihrer Umwelt. Und umgekehrt nehmen sie allzuoft Yin-Eigenschaften an, wenn dies nicht angemessen oder von Nutzen ist, zum Beispiel, wenn sie still schweigen zur Vergewaltigung der Erde durch politische Führer. Kurzum, sie sind blind geworden für ihre Wurzeln und für das Wissen, daß ihre Pläne am besten durch eine wohlüberlegte und harmonische Integration in die natürlichen Abläufe verwirklicht werden. Oder wie es ein moderner Meister formuliert: »Harmonie ist die subtile, wenngleich unantastbare Kraft des Universums, während Gewalt und Brutalität Abweichungen von der Regel sind. Das ist das zugrundeliegende kosmische Gesetz. Jede positive Manifestation im Universum ist das Ergebnis der schöpferischen und harmonischen Vereinigung von Yin- und Yang-Energien ... Wer die inhärente Ordnung des Universums befolgt, gelangt zu Harmonie und Ausgewogenheit; wer gegen das kosmische Prinzip der natürlichen Ordnung verstößt, erntet Zerstörung.«[38]

Die Kraft des Tao

Die Hinweise und Mahnungen im Tao-te-ching sind auf den ersten Blick nicht weltbewegend. Sie verweisen auf die Notwendigkeit, nach Harmonie und Ausgewogenheit zu streben, jedoch in einem Maße, daß sie schon wieder weltfern klingen, falls sie überhaupt zu verstehen sind. Dennoch handeln sie von nichts anderem als dieser Welt und ihren Bewohnern.

Das vorige Kapitel endete mit einigen Bemerkungen über die alten Taoisten, die den Eindruck erweckten, als hätten diese Weisen sich nur um ihren kleinen Acker gekümmert und ihr Leben mit harmlosen Vergnügungen verbracht. Wir müssen jedoch auch daran denken, daß diese Menschen sehr wohl auf ihre Zeit Einfluß nahmen und sogar unsere Zeit noch beeinflussen.

Taoisten sind Menschen wie du und ich, und alle Menschen sind auf der Suche nach einem Leben, das ihnen Glück und Zufriedenheit beschert. Manche sind gezwungen, dieses Glück im reinen Überleben zu finden, andere finden es in vergänglichen Freuden, und wieder andere finden es in dem, was sie als ewige Wahrheiten verehren. Taoisten zählen zur letzteren Gruppe, und daß sie in der heutigen Zeit eher Zurückhaltung als Aktivität in den menschlichen Bestrebungen zeigen, liegt vielleicht daran, daß sie geübter und geschickter in ihrer Suche sind als die meisten anderen Menschen. Der Taoismus handelt von ewigen Wahrheiten, und deshalb beeinflussen seine Anhänger auch unsere heutige Zeit. Aber sie drängen sich nicht auf und sind im Zweifelsfall lieber vorsichtig, denn wie gesagt, das Leben läßt zwar viele Wahlmöglichkeiten offen, doch eine einmal getroffene Entscheidung kann sich nicht nur als Irrtum herausstellen, sie kann auch unwiderruflich sein.

Kollektivismus gegen Individualismus

Was es so schwierig macht, hier im Westen über die Probleme von heute zu schreiben, ist die Tatsache, daß die Leser von einem Autor immer erwarten, eine Antwort parat zu haben, eine Antwort, die, wenn sie überzeugend genug vorgebracht wird, die Welt und ihre Bewohner vor den Folgen ihrer Dummheit retten soll. Der Eintritt in eine politische Partei, eine Glaubensgemeinschaft, einen Verein, eine Sekte oder ähnliches erscheint vielen als eine Möglichkeit, Unrecht wiedergutzumachen und Harmonie wiederzuerlangen. Dies führt aber wie eh und je nur zu weiterer Zersplitterung und Disharmonie. Ben Willis sagt dazu: »Betrachten wir die Fakten. Das ganze Gefüge unserer sozialen Ordnung impliziert das Abstecken von Grenzen – zwischen Familien, Klassen, Territorien und Besitz – und zieht Mauern zwischen den anderen Menschen und uns selbst. Wir sind Teil eines Clans, einer Gruppe, eines Teams, eines Berufsstandes, eines Unternehmens oder einer Nation ... Wir fügen uns nicht ein und arbeiten auch nicht zusammen, sondern isolieren und widersetzen uns. Statt uns zusammenzuschließen, differenzieren wir uns.«[39]

Im Taoismus hingegen geht es um Individuen, um die individuelle Reaktion jedes einzelnen auf sein individuelles Universum. Der Taoismus ist und war nie eine Bewegung im Sinne eines gemeinsamen Bestrebens, das liegt nicht in seiner Natur. Im 3. Kapitel haben wir gesehen, daß sowohl Lao-tzu als auch Chuang-tzu nicht für kollektivistische Ideale zu haben waren und sich entschieden aus allen Staatsangelegenheiten heraushielten. Das Äußerste, was ein Taoist von heute zu diesem Thema sagen würde, wäre: »Die taoistischen Lehren betreffen in erster Linie die Entwicklung des Individuums. In bezug auf die ganze Gesellschaft kann das Prinzip des ›Nichthandelns‹ (Wu-wei) als Richtlinie für eine Zukunft in Sicherheit und Frieden betrachtet werden.«[40]

Darin liegt jedoch die Schwierigkeit, denn die modernen Menschen sind in zunehmendem Maße kollektiviert und sozialisiert und beurteilen einander nach ihren materiellen Besitztümern, nach ihrer Zugehörigkeit und nach den Meinungen anderer. Hinzu kommt, daß sie mehr und mehr zu der Überzeugung gelangen, daß es für jedes Problem eine Person oder eine Gruppe von Personen mit einer Sofortlösung gibt. Doch in der Regel gibt es für unsere derzeitigen Probleme keine schnellen Lösungen, möglicherweise nur rasche und bittere Folgen. Hua Ching Ni rät in diesem Zusammenhang dazu, Yin und Yang genügend Spielraum zu lassen.

Ein Beispiel für den Yin-Ausgleich

Das vielleicht deutlichste (aber nicht unbedingt beste) Beispiel für eine Wiederbehauptung von Yin in der heutigen Zeit finden wir im 2. Kapitel dieses Buches. In diesem Kapitel wurde aufgezeigt, wie der weibliche Aspekt Gottes, das weibliche Prinzip in der Welt, das Yin-Prinzip des Universums herabgesetzt worden war und wie sich inzwischen wieder ein Wandel hin zu älteren und weiseren Denkweisen vollzieht. In der Gaia-Hypothese hallt das Echo der Großen Erdmutter wider, und in ihrer reinsten Form stellt sich auch die Bewegung der Grünen allein in ihren Dienst. Maria und Tara werden wieder geachtet, und immer stärker erkennen wir die Notwendigkeit einer weiblichen Priesterschaft an, die am effektivsten verwirklicht wird, wenn einzelne Frauen mit mutigem Beispiel vorangehen und nicht auf Synoden warten.

Im günstigsten Falle geht es dem Feminismus um die Wiederherstellung dieses weiblichen schöpferischen

Prinzips, das in jeder Hinsicht das Gegenteil des männlichen Prinzips darstellt. Im ungünstigsten Falle, und leider gilt das für die meisten derzeitigen Versuche, das Gleichgewicht wiederherzustellen, eignen sich viele solcher feministischen Gruppierungen die Eigenschaften der Yang-Herrschaft an, die sie im Grunde abschaffen wollen. Das ist nicht weiter verwunderlich, bewirkt aber, wie die Taoisten uns versichern, das Gegenteil des ursprünglich Geplanten. Ich bin trotzdem der Meinung, daß der weiße Tiger gerade in der Frauenbewegung die besten Chancen hat, eine Aufwertung zu erfahren. Frauen, zumindest in Yang-beherrschten Zeiten, sind nicht resolut und nach außen orientiert, sondern auf die Kleingruppe (die Familie) ausgerichtet und mit dem Bewahren und Nähren befaßt. Werden diese Tendenzen voll anerkannt, dann wird damit sogleich auch der Weg frei für den notwendigen Yin-Ausgleichsfaktor, den weißen Tiger. Das soll aber keinesfalls heißen, daß ihr Aktionsradius auf Küche und Bett und auf die Zufriedenstellung der azurblauen Drachen beschränkt bleiben soll. Statt dessen könnte es heißen, daß sie wieder ihren rechtmäßigen Platz in einer neuen Ausgewogenheit geistiger und weltlicher Dinge einnehmen.

Taoismus heute

Zweifelsohne leben wir vorläufig noch in einer Welt, die zunehmend aus dem Gleichgewicht gerät, in einer Welt, die es dem Drachen und dem Tiger immer schwerer macht, sich erfolgreich zu paaren. Bis zu einem gewissen Grad war es jedoch immer so. Man braucht nur das Tao-te-ching aufzuschlagen, um zu sehen, daß die Probleme, mit denen wir uns heute herumschlagen, dieselben sind, mit denen die Menschen auch in der Vergangenheit konfrontiert waren. Überall finden sich Hinweise auf Armeen und Politiker, auf die Auswirkungen des Krieges, auf Besteuerung, Rebellion, Streiterei und dergleichen – alles Mißstände, unter denen die Menschen auch heute und in Zukunft leiden.

Nach wie vor ist der Großteil der Menschheit mit dem Kampf ums nackte Überleben beschäftigt. Andere, deren Grundbedürfnisse befriedigt sind, verwenden damals wie heute ihre Zeit darauf, ein zweifelhaftes Glück in Aktivitäten zu finden, die zur Ausbeutung des Planeten Erde und seiner Bewohner geführt haben. Es ist eine traurige Tatsache, daß die meisten von uns nichts mehr für die Lebensart religiös oder mystisch veranlagter Menschen übrig haben, obwohl gerade diese Menschen nichts anderes suchen als eine Rückbesinnung auf die kosmische Kräfte.

Wie wir jedoch im Verlauf dieses Buches gesehen haben, sind Gleichgewicht und Harmonie die notwendigen Voraussetzungen für unser aller Wohlbefinden. Immer wieder wird darauf hingewiesen, daß die Natur – das Tao oder wie immer man es nennen mag – auf ein dynamisches Gleichgewicht, auf die Homöostase hinarbeitet. Ohne dieses zugrundeliegende Harmoniestreben wäre die Menschheit vermutlich schon längst ausgestorben.

Vielleicht wird den Taoisten, gerade weil sie dieses Prinzip akzeptieren, eine Laisser-faire-Haltung gegenüber dem Leben und den Launen des Schicksals vorgeworfen. Doch diese Haltung resultiert aus dem Vertrauen in das Universum, wenngleich die moderne westliche Welt daraus den falschen Schluß zieht, daß der Taoismus in der heutigen, problembeladenen Zeit nur wenig praktischen Nutzen bietet.

Drei Fakten sprechen gegen diesen Schluß: Erstens ist das Yin-Yang-Gleichgewicht ein dynamisches Gleichgewicht und kein statischer Ruhezustand. Zweitens ist das Yin-Yang-Gleichgewicht nicht auf die Menschen angewiesen. Das Gegenteil ist der Fall: Ein selbstverwirklichter Mensch erkennt seine Abhängigkeit von Yin und Yang und agiert frei von vorgefaßten Meinungen und ohne gesellschaftlichen Druck mit einer Energie, die allein auf Harmonie ausgerichtet ist. Und drittens sind fast alle taoistisch-geprägten Aktivitäten außerordentlich praktisch und nützlich - ich hoffe, es ist mir gelungen, dies hinlänglich zu verdeutlichen. Als Beispiel seien die Feng-shui-Gelehrten genannt, die bei der Gestaltung von Landschaften, Städten und Wohnungen für die Aufrechterhaltung des dynamischen Gleichgewichts sorgen. Sie tun dies, damit die Menschen zu einer entsprechenden Ausgewogenheit gelangen und ihre Verbindung zu den kosmischen Kräften aufrechterhalten.

Vielen westlichen Menschen fällt es jedoch schwer, den nötigen Abstand zu gewinnen, um sich von der Gewaltanwendung gegen die Umwelt und die Mitmenschen zu distanzieren, und beiden statt dessen auf intelligente Weise zu dienen, so wie es die Taoisten tun, denen es aus einer umfassenderen Sicht heraus immer um eine Kooperation mit der Natur und der Umwelt - und nicht um deren Bezwingung - geht. Oberflächlich betrachtet, scheint dies ein Widerspruch in sich zu sein. Wie kann man das Nichteingreifen propagieren und im gleichen Atemzug von aktiver Teilnahme an Umweltbelangen reden?

Übertragen in den modernen Sprachgebrauch würde man sagen, ein guter Taoist verhält sich wie ein Segelflieger, der sich alle Mühe gibt, mit Hilfe der Luftströmungen sicher zu landen. Auch wenn es den Anschein hat, daß er ganz allein ist in seinem Segelflugzeug, so stehen ihm doch starke Kräfte als Begleiter zur Verfügung. Watts, der über Thor Heyerdahls aufsehenerregende Pazifiküberquerung in einem Floß aus Balsaholz berichtet, schreibt dazu: »... doch Heyerdahls Genie lag in der Zuversicht, daß sein eigener Organismus und das Ökosystem des Pazifischen Ozeans auf einem gemeinsamen System beruhen ... Durch diese Haltung kamen ihm auch Ereignisse zugute, die er nicht vorausgesehen hatte.«[41] Dies ist immer der Fall, wenn man auf das Prinzip des Wu-wei vertraut.

Der azurblaue Drache und der weiße Tiger sind allgegenwärtig, und immer enthält jede der beiden Hauptkräfte schon den Keim ihres Gegenteils in sich. Es liegt an den weisen Frauen und Männern, diesen Keim ausfindig zu machen und ihn zu hegen und zu pflegen. Das himmlische Paar wird ihnen dabei hilfreich zur Seite stehen.

Der Einstieg in den Ausgleich

Wie können die Söhne und Töchter des 20. Jahrhunderts die Paarung von Drache und Tiger fördern? Es reicht schon, wenn sie sich täglich zweimal zwanzig Minuten Zeit zum Stillsitzen nehmen. Das ist alles, stillsitzen, sich der Atmung und der vorbeiziehenden Gedanken bewußt werden, den weltlichen Dingen den Rücken kehren, ganz gleich, wie sehr sie drängen. Nichts anderes hätte auch Chuang-tzu fürs erste verlangt. In der Tat ist das ein praktischer Rat, der auch im Alltag von Nutzen ist, denn bei dieser Übung werden kaum genutzte Kräfte des menschlichen Gehirns mobilisiert. »Wir nutzen derzeit nur einen kleinen Bereich unseres Gehirns. Die Taoisten zeigen uns den Weg, es in seiner Gesamtheit zu nutzen. Dieser Weg führt zur Beherrschung der physischen Dimension der Existenz durch die Herrschaft des Geistes und den Gebrauch der innewohnenden schöpferischen Kraft und der körpereigenen Energie. Es war schon immer ein Weg, der in unserer Hand liegt und von unserem Willen abhängt, mit dem Ziel, ein natürliches Leben in *dieser* Welt zu führen ...«[42] Es ist der Weg der stillen Kontemplation und Meditation, der den einzelnen mit dem Lauf des Wassers weiterträgt.

Wie ein roter Faden zieht sich die *Verbundenheit* durch alle Bereiche des taoistischen Denkens und Handelns: die Verbundenheit eines Individuums mit allen anderen, mit den Tieren, der Natur, Gaia und dem ganzen Universum. Um diese Verbundenheit zu fördern, umgeben sich die Taoisten zu Hause mit Yin-Yang-Symbolen und verlegen die Natur in Miniaturform in ihre Gärten. Wie bereits erwähnt, glauben die Taoisten an ein »universales Energienetz«, ein einheitliches System des menschlichen Organismus und des Ökosystems der Natur, von dem unser Denken und Handeln ein Teil ist und das unmittelbar und zu allen Zeiten auf alle anderen Teile einwirkt. Wie aus dem 7. Kapitel hervorgeht, erhält dieses Konzept nicht nur von unterschiedlichen Bereichen der westlichen Wissenschaft Unterstützung und Bestätigung, sondern auch von anderen östlichen Religionen und westlichen Mystikern und Dichtern.

Ein bekanntes chinesisches Sprichwort lautet: »Auch eine Reise von tausend Meilen beginnt mit einem Schritt.« Sich jene kostbaren vierzig Minuten täglich in der heutigen Zeit einfach zu nehmen, ist wohl das Schwierigste daran.

Hat man aber erst einmal Vertrauen gefaßt und diese Übung zur Regelmäßigkeit werden lassen, dann folgt man dem Lauf des Wassers, und Manipulation und Wu-wei sind immer weniger zu unterscheiden. Angehende Taoisten stellen fest, daß sie das Zusammenspiel von Drache und Tiger in ihrem Leben mehr und mehr bejahen. Sie lernen, alles im Leben ein bißchen besser zu akzeptieren, und finden Gefallen daran. Indem sie jedem Tag gelassen entgegensehen, erfahren sie größeres Glück und größere praktische Wirksamkeit. Das klingt ein wenig nach zähneknirschendem selbstgerechtem Gleichmut, aber Taoisten sehen das nicht so. Sie stellen vielmehr fest, daß sie sich der fast lyrischen Lebensqualität eines überzeugten Taoisten aus vergangener oder heutiger Zeit nähern. Diese lyrische Qualität zeigt sich deutlich in den Worten von Chuang-tzu, in John Blofelds Beschreibung der von ihm besuchten Einsiedeleien in China und in einigen Schriften von Alan Watts, aber ich glaube, daß sie für jeden erreichbar ist, der im Einklang mit der äußeren Natur und den inneren Bedürfnissen lebt. Aber Taoisten halten nichts von irgendeiner »reinen Lehre«. Ihr Glück und ihr Wirken laufen nicht auf eine solche Haltung hinaus, sondern auf eine ungezwungene, fast kindliche Zufriedenheit, auf Fröhlichkeit und Mitgefühl, all das, was sich in dem typisch chinesischen Konzept vom Gesicht ausdrückt.

Eine solche Lebensart führt nicht zwangsläufig zu kollektivem Handeln. Wer jedoch in dieser Weise an sich selbst denkt, wird oft auch den Weg zum gemeinschaftlichen Handeln finden. Der einzelne wird vielleicht feststellen, daß der Lauf seines persönlichen Wu-wei in einen breiteren Strom einmündet.

Das Gleichgewicht im ökologischen Haushalt der Natur wird zum Beispiel durch einzelne Menschen wiederhergestellt, die sich dem Strom der grünen Bewegung anschließen.

Das Gleichgewicht im internationalen Machtgefüge wird durch jene wiederhergestellt, die sich in Friedensgruppen zusammenfinden.

Das Gleichgewicht zwischen Arm und Reich wird durch jene wiederhergestellt, die ihr Brot mit den Bedürftigen teilen.

Das Gleichgewicht im materialistisch orientierten Schulsystem wird durch jene wiederhergestellt, die kleine alternative Schulen gründen und sich mit Leib und Seele dafür einsetzen, daß die ursprünglichen Ideale von Männern und Frauen, Jungen und Mädchen gefördert und nicht wie in herkömmlichen Schulen unterdrückt werden.

Das alles sind nur Anfänge.

Das sind aber auch die Anfänge von Bewegungen, die wachsen und größer werden und dabei womöglich ihre Yin-Wirksamkeit verlieren, weil sie dominante und dominierende Yang-Verfahren übernehmen.

Die Organisation des Tao

Dieser Titel ist eigentlich schon ein Widerspruch in sich, denn ein wahrer Taoist versucht, jegliche Art von Organisation auf ein Minimum zu beschränken, damit die Energie ständig frei und ungehindert – ohne Regeln und Vorschriften – fließen kann. Demzufolge glaubt ein Taoist, daß die einzig effektiven Gruppen jene sind, die klein bleiben und sich nach beendeter Arbeit sofort wieder auflösen. Das ist gemeint mit »kleine Fischlein braten«. Abgesehen davon, daß solche Gruppen schon wegen ihrer Größe und Veränderlichkeit nur schwer von Gegnern anzugreifen sind, besteht die Gefahr, daß sie sich ab einer bestimmten Größe zunehmend politisieren und jenen politischen Gruppierungen, die die Probleme überhaupt erst verursacht haben, immer ähnlicher werden. Die optimale Gruppe ist demnach gerade so groß, daß jeder jeden mit Namen kennt, wie in den von Blofeld beschriebenen Einsiedeleien. Nach Lao-tzu finden die Leute auf menschlicher Ebene Glück, Zufriedenheit und Erfolg, wenn

> Nachbarländer in Sehweite liegen,
> so daß sie das Hundegebell und Hahnenkrähen
> der Nachbarn hören können,
> und die Leute sollen bis an ihr Lebensende
> nie außer Land gewesen sein.

Das soll nicht heißen, daß es keinen lockeren, fließenden Zusammenschluß von geistesverwandten Gruppen zum Zwecke des Informationsaustausches oder dergleichen geben darf, doch die Betonung liegt auf klein, locker, lokal und fließend – das Wasser gilt seit jeher als machtvolles Symbol für das Wirken des Tao.

Mögen solche Individuen und Kleingruppen auch wehrlos und unnütz erscheinen und mag es zuweilen auch so aussehen, als hätten ihre Versuche, einen Wandel herbeizuführen, keinerlei Aussicht auf Erfolg, sie bahnen sich trotz allem wie das Wasser einen Weg in das Bewußtsein anderer Menschen und bilden den Sauerteig, der eine große Wandlung oder gar einen Paradigmenwechsel auslösen kann. Als Christ braucht man nur an das Senfkorn, als Buddhist an das Bodhisattva-Ideal zu denken. Es ist der Keim der Veränderung, wie er im Yin/Yang-Symbol ausgedrückt ist.

Hoffnung

»Macht« und »Kraft« sind Worte, in denen heutzutage starke Yang-Untertöne mitschwingen, die etwas über die Gewalt der Herrschenden aussagen. Andererseits spricht man auch von der Kraft, »die hinter dem Thron« oder dem Machthaber steht, und bezeichnet damit oft seine ausgleichende weibliche Gegenkraft.

Wie läßt sich die Macht oder Kraft des Tao am besten beschreiben? Denken wir noch einmal an das Wasser, das in seiner Wirkungsweise so oft mit dem Tao verglichen wird. Kaum etwas ist fließender und sanfter in seiner Urform. Es kühlt die Stirn und kann doch Felsen abtragen – und in beiden Fällen stellt es ein Gleichgewicht her. Auch die Luft zeigt Wesensmerkmale des weißen Tigers und des azurblauen Drachen. Auch sie kühlt die

Stirn – und doch kann sie über Nacht ganze Wälder entwurzeln.

Alles muß zum kosmischen Gleichgewicht zurückkehren.

In Zeiten, wenn Yang die Vorherrschaft hat, verbirgt sich Yin hinter dem Thron und den Herrschenden und wartet darauf, in allem aufgespürt zu werden, das nicht Yang ist. Das weibliche Prinzip bewirkt eine neue Ausgewogenheit. Mag es auch eine Ewigkeit dauern, bis ein Fels verwittert, ein Orkan kann über Nacht kommen und ihn wegreißen.

Abschließend muß noch einmal mit Nachdruck darauf hingewiesen werden, daß der Taoismus weder eine weltweite Glaubensgemeinschaft noch eine Bewegung ist. Statt dessen zeigt er den Menschen in der heutigen Zeit den Weg zur Vervollkommnung durch Yin in einer Yangbeherrschten Welt und verkörpert mit seiner Lehre und seiner Lebensart das Gegenteil all dessen, was in unserer gehetzten, irregeleiteten Welt am meisten bewundert wird.

Der Taoismus wirkt im Verborgenen und drängt sich nicht auf; er betrifft den einzelnen, nicht eine anonyme Menge.

Er ist der Keim zur Veränderung.

Anmerkungen

1 Dem englischen Original liegt die I-ching-Übersetzung von John Blofeld zugrunde. Für die deutsche Ausgabe von *Tao der Kraft* wurde die Übersetzung von Richard Wilhelm gewählt.
2 Wilson, Martin: *In Praise of Tara,* Wisdom Publications, 1986; Einleitung
3 Allegro, John: *Lost Gods,* Sphere Abacus, S. 185f., 1977.
4 Maslow, Abraham: *The Farther Reaches of Human Nature,* S. 7, New York 1971.
5 Smith, Elizabeth: *Choose Happiness,* S. 57ff, Nevada City, LA 1984.
6 Merton, Thomas: *The Way of Chuang Tzu,* S. 141, London 1970.
7 Freire, Paulo: *Pädagogik der Unterdrückten,* S. 57, Reinbek bei Hamburg 1973.
8 Lovelock, James: »I speak for the Earth«, in *Resurgence,* Nr. 128.
9 Blofeld, John: *Der Taoismus oder die Suche nach Unsterblichkeit,* S. 297, München 1988.
10 Dschuang Dsi: *Das wahre Buch vom südlichen Blütenland,* S. 111, Düsseldorf u. Köln 1974.
11 Skinner, Stephen: *Chinesische Geomantie. Die gesamte Lehre des Feng-Shui,* S. 33, München 1983.
12 Goldman, Emma: *The Place of the Individual in Society,* S. 7, Friends of Malatesta, Buffalo, NY, o. J.
13 Godwin, William: *Enquiry Concerning Political Justice,* im Kapitel über das Gesetz, 1793.
14 Devillers, Phillipe: *What They Really Said: Mao,* S. 89, Macdonald & Co. 1969.
15 Woodworth, Fred: *Anarchism,* S. 14, The Match!, Tucson, Arizona, 1973.
16 Ehrlich, Howard J.: *Anarchism and Formal Organisations,* S. 5f., Baltimore 1977.

17 Devillers, Phillipe, a.a.O., S. 142.
18 Watts, Alan: *Der Lauf des Wassers,* S. 56, Frankfurt 1983.
19 Chang Chung-yuan: *Tao, Zen und schöpferische Kraft,* S. 187, München 1987.
20 Watts, Alan, a.a.O., S. 38.
21 Emerson, Ralph Waldo: *The Conduct of Life,* Macmillan 1884.
22 Kronenberger, Louis: Company *Manners,* Bobbs-Merrill 1962.
23 Merrington, Tom, in einem Leserbrief an den *Guardian* vom 12. Januar 1988.
24 Capra, Fritjof: *Das Tao der Physik,* Bern/München 1987.
25 Nagel, Thomas: »What is it Like to be a Bat?« aus Hofstadter & Dennet: *The Mind's I,* S. 403f, Harvester Press 1981.
26 Gribbin, John: »An Anniversary of Some Gravity«, Artikel vom 12. November 1987 im *New Scientist.*
27 Crowley, Aleister: *Magick Without Tears,* Phoenix, Arizona 1973.
28 Stanway, Andrew: *Alternative Medicine,* Vorwort, Macdonald & Janes, 1980.
29 Chee Soo: *The Taoist Ways of Healing,* S. 111, Wellingborough 1986.
30 Stanway, Andrew, a.a.0.
31 Hua Ching Ni: *Tao, the Subtle Universal Law,* Kapitel 4, Los Angeles 1979.
32 Chee Soo: *Taoist Ways of Healing,* a.a.O., Kapitel 4.
33 Legeza, Laszlo: *Tao Magic,* S. 26f, London 1975.
34 John Blofeld: *Taoismus oder die Suche nach Unsterblichkeit,* passim, München 1988.
35 Richard Wilhelm/C. G. Jung: *Das Geheimnis der Goldenen Blüte,* S. 114, Olten 1971.
36 Chang Chung-yuan, a.a.O., S. 117.
37 Peter Ralston: »Consciousness and the Martial Arts«, in: *Human Resource Potential,* S. 29, London 1982.
38 Hua Ching Ni, a.a.O., S. 41.
39 Ben Willis: The Tao of Art, S. 162, Century Paperbacks 1987.
40 Hua Ching Ni, a.a.O., S. 140.
41 Alan Watts, a.a.O., S. 175f.
42 Ben Willis, a.a.O., S. 167.

Literaturhinweise

Allegro, John: *Lost Gods,* Michael Joseph, London 1977.

Blofeld, John: *I-Ching, the Chinese Book of Change,* London 1968.

Blofeld, John: *Der Taoismus oder Die Suche nach Unsterblichkeit,* München 1988.

Capra, Fritjof: *Das Tao der Physik,* Bern/München 1987.

Chang Chung-yuan: *Tao, Zen und schöpferische Kraft,* Köln 1987.

Chee Soo: *The Taoist Ways of Healing,* Wellingborough 1986.

Ch'u Ta-Kao: *Tao Te Ching,* London 1937.

Devillers, Philippe: *What They Really Said: Mao,* London 1969.

Eitel, E. J.: *Feng-Schui oder Die Rudimente der Naturwissenschaft in China,* Waldeck-Dehringhausen 1983.

Erlich, Howard J.: *Anarchism and Formal Organisations,* Baltimore 1977.

Freire, Paulo: *Pädagogik der Unterdrückten,* Stuttgart 1971.

Gawain, Shakti: *Stell dir vor. Kreativ visualisieren,* Basel 1984.

Giles, Herbert A.: *Chuang Tzu,* Winchester MA 1980.

Godwin, William: *Enquiry Concerning Political Justice,* 1793.

Goldman, Emma: *The Place of the Individual in Society,* Buffalo, NY, o. J.

Hofstadter & Dennet: *The Mind's I,* Brighton 1981.

Jung, C. G.: *Gesammelte Werke,* Bd. 11: *Zur Psychologie westlicher und östlicher Religionen,* Olten 1988.

Lau, D. C.: *Tao Te Ching,* London 1963.

Legeza, Laszlo: *Tao Magic,* London 1975.

Lovelock, James: *Das Gaia Prinzip – Die Biographie unseres Planeten,* Zürich 1991.

Maltz, Maxwell: *Erfolg kommt nicht von ungefähr – Psychokybernetik,* Düsseldorf 1990.

Maslow, Abraham: *The Farther Reaches of Human Nature,* New York 1971.

Merton, Thomas: *The Way of Chuang Tzu,* London 1970.
Ni, Hua Ching: *Tao, the Subtle Universal Law,* Los Angeles 1979.
Piaget, Jean: *Das Erwachen der Intelligenz beim Kinde,* Stuttgart 1975.
Ralston, Peter: »Consciousness and the Martial Arts« in *Human Potential Resources,* 1982.
Skinner, Stephen: *Chinesische Geomantie. Die gesamte Lehre des Feng-Shui, München* 1983.
Smith, Elizabeth: *Choose Happiness,* Bath, USA 1984.
Stanway, Andrew: *Alternative Medicine,* Macdonald & Jane, 1980.
Toulson, Shirley: *The Celtic Adventure,* London 1987.
Watts, Alan: *Der Lauf des Wassers,* Frankfurt 1983.
Wilhelm, Richard: *Das Geheimnis der goldenen Blüte,* Olten 1971.
Wilson, Martin: *In Praise of Tara,* London 1986.
Woodworth, Fred: *Anarchism,* The Match!, Tucson, Arizona 1973.

Das Buch

Michael Page schildert in diesem Buch, wie befruchtend die jahrtausendealte taoistische Weisheit des ›Miteinander‹, der kreative Ausgleich gegensätzlicher Pole – die Hochzeit von Blauem Drachen und Weißem Tiger –, auf allen Ebenen des praktischen Lebens heute sein kann. Neben den uns schon vertrauten Anwendungen des taoistischen Denkens, die wir von der chinesischen Medizin (Akupunktur) und den Kampf- bzw. Bewegungskünsten (T'ai-chi) her kennen, gibt es noch eine Vielzahl anderer. Sie beruhen alle auf dem Prinzip des Zusammenspiels, mit der Natur und mit anderen Menschen. Das Ziel ist Harmonie, Ausgleich und Wachstum und nicht der Sieg einer Seite über die andere. Das Buch geht den Regeln dieser schöpferischen Kraft des Ausgleichs nach und erläutert ihre Anwendung in den Bereichen von Erziehung, Gesundheit, Psychologie, Liebe, Politik, Wirtschaft, Architektur, Wissenschaft und Kunst.

Der Autor

Michael Page ist praktizierender Buddhist, ein erfahrener Berater und ehemaliger Dozent für Erziehungspsychologie. Neben seinen Büchern über chinesische Philosophie und Kultur schreibt er für verschiedene Zeitschriften über den Taoismus.